答えします

上野千鶴子

朝日文庫

本書は二〇〇九年四月〜二〇一三年五月、朝日新聞土曜別刷beに掲載された「悩みのるつぼ」（五十回分）を再構成したものです。

身の下相談にお答えします ● 目次

第1章　身の下からわきあがる欲望

1　既婚女性と「やばい」感じです　14
相談者　会社員　男性　30代
回答　エロスを封じるには人生長すぎて……

2　私の性欲をどうしたらいいのか　19
相談者　会社員　59歳
回答　あなたは努力してきましたか

3　妻のカラダに触れたいのに……　24
相談者　無職　男性　66歳
回答　性欲？　関係欲？「触れたい欲」？

4　セックスレスで枯れそうです　29
相談者　主婦　35歳
回答　トキメキや性欲は人生の醍醐味ですが

5　性欲が強くて勉強できません　34
相談者　浪人生　女子　18歳
回答　むずむずしたら自分でほぐしましょう

6　性欲が強すぎて困ります　39
相談者　中学生　男子　15歳
回答　異性と付き合うのはめんどくさいこと

7　息子にどう性教育すべき？　44
相談者　主婦　30代
回答　性教育はオトナのほうが必要

8　妻との現場を娘に見られました　49
相談者　男性　46歳
回答　性教育の絶好の機会では

第2章　家庭の外にあるエロス

9　30代の彼と別れられません　56
相談者　主婦　70歳
回答　ペットだと思えば腹も立ちません

10　若い男の子がかわいくて　61
相談者　病院勤務　女性　45歳
回答　おもしろいオバサン役割ならOK

11　ステージの上に恋しちゃいます　66
相談者　女性　30歳
回答　男はいてもよし、いなくてもよし

12　33年前に別れた恋人と再会し　71
相談者　主婦　50代
回答　歳月がもたらした贈り物として

13　家庭外に好きな人いても淋しい　76
相談者　既婚女性　40代
回答　恋愛するから孤独を味わうのです

14　元カノの「友人」と結婚したい　81
相談者　男性　27歳
回答　あなたの結婚観を彼女も共有する？

15　「婚外恋愛」はごまかし言葉　86
相談者　学生　19歳
回答　守れない契約はそもそも不自由

第3章　困った夫、困った職場

16　気遣いない夫に困ってます　92
相談者　主婦　30代
回答　「返品」するか、再教育するか

17　働かない夫を更生させたい　97
相談者　育児休業中　女性　31歳
回答　「家長」と「主婦」を両方続けますか

18　仕事辞め、主夫を希望する夫　102
相談者　医師　30代
回答　パートナーに求める優先順位を

19　義理の父親がひどすぎます　107
相談者　会社員　30代
回答　親の夫婦関係は他人事と割り切れば

20　困った上司のエロ画像趣味　112
相談者　会社員　40代
回答　変な趣味より会社自体は大丈夫？

21　迷惑上司の否定攻撃に疲れた　117
相談者　研究職　女性　30代
回答　上司のうえにも上司、それが弱み

22　迫る上司に、不快感じない私　122
相談者　会社員　女性　20代
回答　セクハラが増長していきますよ

23　ジェンダーを学んだから？　127
相談者　会社員　女性　30代
回答　「恵まれた環境」捨てられますか？

24　介護現場で悩んでいます　132
相談者　女性　20代
回答　自分の働きやすさを優先して

第4章　母が嫌いでもいいですか

25　母が嫌いです　138
相談者　主婦　30代
回答　自責の感情から自由になって

26　虐待の記憶を忘れられません　143
相談者　女性　20代
回答　その経験をあなたの「宝もの」にして

27　病床の父をののしる私　148
相談者　看護師　50代
回答　感情の帳尻を無理に合わせないで

28　母から逃れたいです　153
相談者　高校1年生　女子　15歳
回答　あなたが母親を導いてあげれば

29　母が宗教にはまっています　158
相談者　学生　20歳
回答　周囲への強制ないなら放っておけば

30　お母さんと体を交換したい　163
相談者　学生　18歳
回答　お母さんの反応を見てみたら？

31　「婚活」をなじられます　168
相談者　女性　52歳
回答　親をうらみ続けないためには

32　両親を仮設住宅へ戻して　173
相談者　女性　38歳
回答　元の距離がいいと納得済みでは？

第5章　子離れできない親たち

33 高校生の娘に裏切られました　180
相談者　主婦　55歳
回答「ごめんね」から始めてください

34 娘についひどい言葉を……　185
相談者　主婦　40代
回答　何度でも娘さんに謝ってください

35 ひとりで育てた3人の子なのに　190
相談者　主婦　62歳
回答　親への評価は態度や言葉じゃない

36 子のいない長男夫婦がふびんで　195
相談者　主婦　50代
回答　気持ちは態度に伝わりますよ

37 自信喪失した娘が心配です　200
相談者　主婦　50代
回答　娘さんに自分たちの覚悟示して

38 パソコン漬けの娘が心配です　205
相談者　男性　40歳
回答　思春期のサイン読めない、あなたが問題!

39 ズレた会話しかできない長男　210
相談者　主婦　40代
回答　その柔軟な発想力、ぜひ上野ゼミへ

第6章　自分が愛せない私

40 貧乏生活で友だちもいません　216
相談者　OL　39歳
回答「壊れず」にきた自分をほめて！

41 25歳、モテたくて不安です　221
相談者　会社員　25歳
回答　カンチガイが異性を遠ざけます

42 「感じが悪い」と指摘され　226
相談者　女子大学生　22歳
回答「感じが良い」は利他愛とは違います

43 社会に関心を持つためには　231
相談者　女性　31歳
回答　自己利益を大切にすることが必要

44 自殺は本当にいけないですか　236
相談者　無職　男性　50代
回答　正直に弱さを認めましょう

第7章　私の人生は何だったのか?

45　私が送りたかった人生なのか　242
相談者　会社員　女性　41歳
回答　求めて得た経験を楽しまなくちゃ

46　帰郷を拒む妻はアンフェアでは　247
相談者　会社員　50代
回答　介護はひとりで引き受けないで

47　人生の成功が遠のいています　252
相談者　主婦　40代
回答「自己満足」の量を増やしましょう

48　私の人生は何だったのか?　257
相談者　無職　46歳
回答　人生は減点法でなく得点法で

49　愛がない小説じゃダメ?　262
相談者　無職　60代
回答　スキル磨いてマグマをはき出して!

50　もし上野さんが美人だったら?　267
相談者　主婦　60歳
回答　人生がそんなに単純ならねえ……

あとがき　人生のお悩みの多くは身の下から来ます　273

身の下相談にお答えします

第1章　身の下からわきあがる欲望

1 既婚女性と「やばい」感じです

相談者　会社員　男性　30代

30代、会社づとめの男性です。子どもはなく、夫婦共働きです。妻を愛しているし、彼女には何の不満も非もないのに浮気をしてしまいそうです。

仕事が忙しく、毎日午前6時台から深夜12時過ぎまで働きます。妻が起きる前に出かけて、眠った後に帰宅する日々です。土日も1日は仕事で、もう1日は語学学校に通っています。

妻は私より優秀で、難しいこともさらりとこなせるタイプ。穏やかで感情的な波もありません。転職に成功して時間に余裕がある今は、料理教室に通って料理を作ってくれます。私が多忙で週末に一緒に過ごせないことも、文句を言いません。

新婚時代に「お互いマイペースに好きなことをする」という生活習慣ができてしまったのがよくなかったのかもしれません。マンションを買うか、子どもがいれば違ったでしょう。

でも、私は寂しがり屋なのです。関連部署の女性と今、「やばい」感じです。相手も既婚。仕事で会うと、お互い「目がハート」です。明らかに誘われています。

一生懸命になる性格なので浮気は「本気」になるでしょう。そうしたら妻と別れるしかない。私が忙しくて妻に会えないことが原因で私が浮気をしてしまうなんて、冷静に考えれば私の身勝手以外の何物でもありません。わかっているのに。誰か止めてください。

回答 エロスを封じるには人生長すぎて……

わははは。「誰か止めてください」とありますが、止めるに止まらない気持ちがすでに行間にあふれているではありませんか。こういうときには、ご要望にお応えして「悪いことは言わないから、おやめなさい」と言って止めたら、せっかくのチャンスを奪ったといって後からうらまれるでしょうし、かといって「しかたがないですね、妻にわからないようにおやんなさい」と言えば、ライセンスでももらったかのように、しめたとばかり新しい恋に乗り出し、家庭でトラブっても、彼女とうまくいかなくても、いずれは回答者がうらまれるでしょう。そんなシナリオにはうかうかとのせられませんよ。

30代、エロスの充実する年齢ですねえ。エロスとは性欲でもあり、生きる欲でもあり。結婚した相手が「最後の恋」の相手、ってわけにはいかないのが、なが－い人生の課題です。春の到来とともにうごめく気持ちにフタをして、これからの人生を生きるか、それとも……。妻への愛と、ときめきはべつ。これから先だって起きるかもしれないときめきを、ずっと封じて生きるつもりですか。それにしては人生80年は長すぎます。

恋愛ほど、自分について学べる場所はありません。自分の欲望、愛着、献身、未練、嫉妬《しっと》、ずるさ、エゴイズム、それに孤独。ただし学ぶためには高い授業料を払わなければなりません。オトナの恋愛は他のパートナーに知られないのがマナー。そのためには高度のスキルと慎重さが要りますが、あなたにはそれがありそうにも思えないし。ばれたらばれたで、妻も彼女も彼女のパートナーもまきこんで、トラブルに翻弄《ほんろう》されるでしょう。

それでもこういう「愛の嵐」のある人生とない人生とでは、どちらがよかったか、判定するのはあなた自身ですね。人生もハイリスク・ハイリターンか、ロウリスク・ロウリターンか。とはいえ、人生経験は、必ずあとに残りますから、すってんてんになることはありません。

ただしあなたのパートナーの側にも「ときめく相手」が登場するかもしれない可能性は、忘れないでくださいね。そのとき、「一皮むけた」あなたのほうが、パートナーには今より魅力的に映るかもしれません。

ま、迷うのも楽しみのうち。自分の器《うつわ》に見合った選択をすることですね。

2 私の性欲をどうしたらいいのか

相談者　会社員　59歳

現在59歳。夫婦間の性に関しては居酒屋でアルコールの力を借りるとしてもなかなか同僚やましてや兄たちにも聞けない。

男女の身体の仕組みが異なるのはわかるが、還暦を間近にしてこの私、若いぴちぴちした女性を見るとしゃぶりつきたくなる。せめてそばにいて欲しいと切望し、その気になればいつでも夜の営みはＯＫの態勢にある。が、肝心の女房がもうなえ果てている。数年前、痛みが走り、それ以来、努力もしたのだが、相手にしてもらえない。

正直私は結婚後、浮気も不倫もしたことがない。自慰行為もなく、ＡＶビデオも一本もない。女房とは子どもが巣立ち今2人きりの生活だが、私のいびきで寝室は別にしている。

けんかしているわけでも、相性が悪いわけでもない。長女の女房に末っ子の私。どちらもO型。一緒にTVを見たり、お酒を飲んだり、エロい話もするし、お互いをマッサージしたりすることもある。だが、その後女房は、現実に戻させるようなさめた色気のない話をする。

女房にもう私とのセックスは金輪際なくてもいいかと問うたら、「一生なくてもイイ。不自由しないもん」。「素人はご法度だけど浮気もしてもいいから」ともつけ加えた。

今さら夜の街に出向き、欲情を発散させたくない。性の処理、私はこれからどう向きあっていけばいいのか。

回答　あなたは努力してきましたか

よくあるんですよね、この手のお悩みが。夫はその気満々なのに、妻の方がいっこうに乗ってこない、という食いちがいや、その反対の組み合わせも。夫婦の性関係は、性以外の関係の反映。団塊カップルはもう結婚歴40年ばかり。これだけかけて作ってきた人間関係は、容易には変えられません。

今になって性関係を持ちたくないというのは、それ以前だって、きっと妻にとってはセックスが楽しくもうれしくもなかった証拠でしょう。加齢すれば女性器は潤いが減少し、性交痛が生じるのは常識のうち。それを緩和するＨＲＴ（ホルモン補充療法）や潤滑ジェリーの使用などの処方箋《せん》もありますが、さまざまな手段を用いて挿入スタンバイをするなんて、たとえ夫婦のあいだであっても強姦《ごうかん》ＯＫと言っているようなもの。

それよりもっと大事なのはセックスがキモチいい、と妻が思えるかどうか。そしてそのためにあなたが努力したかどうか。キモチいいことならまたしたくなるのはあたりまえ。これに年齢は関係ありません。80代でキモチいいセックスをしている女性も知っています。

妻の「一生なくてもイイ。不自由しないもん」は、翻訳すれば「あんなつらいおつとめはもうたくさん」。実はこのせりふは『老年期の性』（79年）の著者で、この分野のパイオニアで知られる保健師の大工原秀子さんが、調査当時70代以上だったお年寄りの女性から聞いた声でした。団塊カップルの多くで、夫の独りよがりなセックスに妻がうんざりしてることは各種の性調査からもわかっています。あなたが例外でないだけで。

あなたの性欲は妻との関係欲ですか、それともたんなる身体的な性欲？　妻との性関係を復活させたいなら、それがだめになっていったのと同じだけのテマヒマをかけて、高齢期の夫婦にふさわしいベッドマナーとテクを学んでください。

もし後者なら。今はマスターベーションのおかずは世にあふれていますから、ムラムラしたら適度に抜いてさっぱりしてください。たまには妻に手や口で協力してもらってもいいでしょう。え、それすら頼めない、ですって? そのくらいのスキンシップが成りたたないようなら、この先、どちらかが要介護になったときに、排泄《はいせつ》介助を含む身体介護なんてできませんよ。

3 妻のカラダに触れたいのに……

相談者　無職　男性　66歳

２００９年7月4日の「悩みのるつぼ」の欄に若い女性の性の悩みの相談があり、多少ふらちな興味で読んでしまいました。

ところで、私は66歳の無職の男性ですが、性の悩みは決して若い人だけのものではなく、自分にもあることがわかってきました。私の妻は62歳で、長男夫婦と孫3人の7人で、現在暮らしています。

私たちの夫婦仲は普通だと思います。ですが、すでに性生活はありません。私にとっては不満が残るのは、妻が自分のカラダに触れられるのを嫌がることです。一切を拒否されるので、我慢ができなくなるのです。

年齢を重ねれば、夫婦生活がなくなっていくのは自然の成り行きだとは思っていました。ただ、私としては、時には妻のカラダに触れてみたいという、性欲のようなものが残っています。この思いはどうすることもできず、ほかにあたることがあったりします。

かといって、今さら、外で処理しようとは考えられません。思うに、私のような悩みを持っている同じような年齢、境遇の男性、あるいは女性が結構いるのではないかと思います。ただただ、我慢するしかないのかが、今の私の悩みです。

ちなみに私は男性機能はなくなっています。それなのに妻の肌に触れたい気持ちを持つのが異常なのでしょうか。

回答 性欲？ 関係欲？ 「触れたい欲」？

また回答者のご指名を受けました。うれしいことです。

この広い世界でさわってよい異性がたったひとりとは、ご不自由なことですね。それというのもあなたがそういう契約でご自分を縛ったからこそ。「結婚とは、自分の身体の性的使用権をたったひとりの異性に生涯にわたって排他的に譲渡する契約のこと」とわたしは定義しています。こんなことを部数800万部の全国紙に書けるようになるなんて、よい時代が来ました。

ところで、あなたが触れたいのは、妻でなくてもかまいませんか、それとも妻でなければなりませんか？　それによって答えは違ってきます。もし前者なら、契約を解除するか、もしくは妻に契約違反を許可してもらわなければなりません。妻の方も、あなたに触れられるのがイヤなだけでなく、あなたが他のすべての異性に触れるのもイヤなのでしょうか。これも聞いてみなければわかりませんね。

もし後者なら。これは性欲というより、関係欲というものです。性器挿入がなくても親密さを表現する手段としてのスキンシップはあってあたりまえ。あなたの側に妻に親しみたい気持ちがあって、妻の側にないとしたら、これは「片想《かたおも》い」というものですね（苦笑）。

でも、もしかして、妻がそうなるにはそれ相応の理由が過去にあったのではありませんか？　「妻が自分のカラダに触れられるのをいっさい嫌がる」関係を、「普通の夫婦仲」とは呼びません。夫婦ってこんなもんだ、と思うそんなあなたの鈍感さを、妻はイヤがっているんじゃありませんか？

触れるのが親密さの証《あかし》なら、まず親しくなりたいというサインを妻に送り、過去を反省して、妻と関係を結び直すことです。夫婦であることにあぐらをかいてはいけません。

それともこれはたんに「触れたい欲」というものでしょうか。それなら解決策はかんたん。小さい孫だの、ペットの犬猫だの、ふわふわしてやわらかいものを身近において、思いっきりさわりたおし、抱きしめてあげてください。体温のあるやわらかいものをさわる楽しみを、女性は子育ての過程でたっぷり味わっています。赤ちゃんが生まれてから夫に触れたい欲望がなくなったという女性もいるくらいです。孫のお守りをすすんで引き受けてはいかが？　喜ばれますよ。

4　セックスレスで枯れそうです

相談者　主婦　35歳

結婚11年、小3の娘と幼稚園年少組の息子がいる35歳の母です。45歳の夫に、「なじるわけでも非難するわけでもないけれど、これからもセックスしないの？」と聞いたところ、「現状維持、父母でいよう」と言われました。

そもそも20代で娘を産んだ後からセックスレスでした。夫は子どもは1人でいいと言いました。何も知らない義母には「きょうだいがほしい」と言われ、私に何か原因があるように思われて悩みました。でも何とか夫を説得して息子を産みました。

以前、ある作家が貴紙に、男女関係で大事なものとして、「トキメキ」「性欲」「親睦《しんぼく》」のうち2つあれば良好である、と書かれていました。わたしには皆無です。相手との将来も展望も考えられない日々です。

また、離婚してもよいと、夫には言われましたが、生活面が比較的安定し、子どもたちや家も大事だし、趣味の庭もあるので、環境は大事にしていきたいと思っています。

心では「私は母」と思っていても、友人や妹弟の結婚生活を見ていると、心が乱れるのです。「他人と比べたら、その時点で幸せの錠をなくす」というような言葉をいつも胸に持っているのですが、人の根幹の問題ですので、わびしさは捨て去ることができません。人はこうして枯れていくのでしょうか。客観的にどう思われるでしょうか。

回答　トキメキや性欲は人生の醍醐味ですが

35歳ですか。これから半世紀以上、セックス抜きで生きるおつもりですか。

30代はエロス的な年齢です。「枯れる」には早すぎます。作家の故森瑶子さんが『情事』でデビューしたのが37歳。「夏が、終わろうとしていた」という印象的な出だしから始まるこの作品には、「セックスを反吐《へど》が出るまでやりぬいてみたい」という一節があります。

生活が安定し、家と家族があり、趣味のガーデニングもあるから離婚はしたくない……というあなたにとって、「結婚」は生活保障財なんですね。それに愛情と性的満足がついてくると考えるのは過剰な要求かもしれません。子どもの父と母であることは結婚生活を維持する十分な理由ですが、その「契約」のなかに、セックスの排他性が含まれるのは困ったものですね。

「トキメキ」「性欲」「親睦」の3つは結婚前にはあって、今はなくなったのでしょうか。それとも最初からなかったのでしょうか。夫がいつでも「離婚してよい」と思っているのは、夫にも「親睦」の気持ちがないってことですね。昔のような関係（もしそれがあったとして）を取り戻したいと思っても、いったん変わってしまった関係を元に戻すことは著しく困難です。もとからなかったのなら、はなから無理。

それなら結婚の契約からセックスをはずしてもらうよう交渉しましょう。「ルール違反」と言われないように。夫婦関係にはセックスに応じる義務が含まれていますから、相手がすでに「ルール違反」をしていることになりますので交渉しやすいでしょう。それでお互いが割り切れるなら、こういう「フランス風結婚」もあり、で。

でも、ふつう、こういう相談は「トキメキ」の相手があらわれてから初めて現実的になるもの。あなたはたぶん「トキメキ」の経験や「性欲」にのめりこんだ経験がないのでしょうね。「他人が持っていそうなもの」を羨《うらや》んでいるだけではないでしょうか。ほんとうによその夫婦がお互いに愛情や性的満足を得ているかどうかは、聞いてみないとわかりませんよ。

「トキメキ」や「性欲」はたしかに人生の醍醐《だいご》味のひとつです。ただし、そのコストは高くつきます。その覚悟があるなら、今から人生を味わい尽くそうと思ってもけっして遅くありません。

5　性欲が強くて勉強できません

相談者　浪人生　女子　18歳

18歳の女子浪人生です。今、私は性欲が強いんじゃないかと悩んでいます。

小さい頃から性に関して関心があり、自分でも不思議でした。自慰行為をしては、嫌悪感にさいなまされたりもしました。今は自分の行為を、自分で理解出来るようになりましたが、情けなくなってしまいます。何より今一番困るのは、性欲が強いために勉強ができないということです。

自習室にいるときは別ですが、家にいるとそういう行為に逃げているような気がします。性に関してはこれから大人になれば、いくらでもそういう機会はあるでしょうが、勉強は今一番やらなければいけないことですし、私自身も勉強が好きなのでそのようなことばかり考える時間を持ちたくありません。

女性も男性のように性に関心を持ったり、性欲が強かったりするのは当たり前だとは思いますが、私はまだ子どもなのにそんなことばかり考えるのは少し不謹慎だと思ってしまいます。

私はまだ性交渉を持ったことはありません。いたずらに性交渉を持つべきじゃないという思いが性欲が強いこととつながっているのでしょうか？

今は時期的に性欲が強いんだろうと思うのですが、どううまく自分と付き合っていけばいいのか、同じ女性として上野千鶴子さんにご意見、アドバイスいただければと思います。

回答　むずむずしたら自分でほぐしましょう

回答者のご指名を受けて、光栄です。下ネタに強い、と思われたんですね、アタリです。

あなたは性欲が強いとか。どうしてそう思ったんですか？　だれかと比べてみたんですか？

だれでも小さいときから性に関心を持っていますし、その関心はだんだん強くなります。18歳はとうてい「子ども」とは言えません。他人とくらべてどうかはわかりませんが、おそらく人生のなかでいちばん体力とともに性欲の強い盛りじゃないでしょうか。男性に聞くと、20歳くらいがピークでそれから性欲は衰えるいっぽうだそうですよ。

性欲と性交欲とはちがいます。性欲は相手がいなくても満たすことができます。性交欲は対人関係を求める欲望だから、こちらはすこしやっかいですね。相手が同意しないと成りたちませんから。でもあなたにあるのは性交欲ではなく性欲でしょう？　それなら話はかんたんです。むずむずしてきたら、肩こりをほぐすように自分で緊張を解いてあげましょう。江戸時代には「自行安味《じこうあんま》」とも呼ばれていたくらいですから。

マスタベーションを「自瀆《じとく》」と呼んで撲滅《ぼくめつ》しようとしたのは明治人、それを「自慰」というやさしいことばに呼びかえたのは大正期の性科学者たちです。青柳有美《あおやぎゆうび》はマスタベーションを「人工遂情」と訳して「気がはきはきして頭がすっきりする」と書いています。セックスのよいところは必ずフィニッシュがあること。それにマスタベーションは妊娠の心配もないし、だれにも迷惑がかからないのだから、すっきりしてから勉強に向かうほうが集中できるでしょ？

セックスには2種類あって、マスタベーションは自分の身体とのエロス的な関係、性交は他人の身体とのエロス的な関係のことです。どちらかがどちらかの代用をすることはできません。自分の身体のエロス的な使用のしかたを知らない人が、他人の身体とエロス的な関係を結ぼうなんて、無免許運転みたいなものでふらちです。自分のエロスのツボをよぉーく学んでおくと、実際に相手のあるセックスをしたときに、そのセックスのクオリティのよしあしがよくわかりますからね。己を知り、敵を知らば百戦あやうからず。あれ？　性交は闘いじゃありませんでした。セックスを他人を支配したり侮辱したりするために使う輩《やから》もいるけど、これもふらちですね。

6　性欲が強すぎて困ります

相談者　中学生　男子　15歳

15歳の男子中学生です。

ぼくの悩みは性欲が強すぎて、今年受験だというのに、エッチなことばかり考えて勉強が手に付かないことです。

単にそれだけであれば、自分が困るだけなのですが、ぼくの場合は、学校の女子や通りがかりの女性を襲ってしまいそうなほど、性欲を抑えきれないのです。

小学生時代から異性に興味はありましたが、性欲の対象というよりは、単純に仲良くしたい程度の気持ちしかありませんでした。

しかし、ここ1年ほどで急に仲良くしたいという興味の対象から、性の対象として意識し始めてしまい、授業中もいてもたってもいられません。学校内で好きな女の子はいるのですが、その子だけでなく、ちょっとでもかわいい女の子がいればすぐにムラムラとしてしまい、治まりがつきません。

毎日、自分で処理はしているのですが、どうしても本物の女の子の体に触れてみたくてたまりません。このままいくと、欲望に負けてしまい、夜道などで衝動的に女性を襲ってしまわないかと怖いです。

こうした行為が犯罪であることは自覚しているのですが、自分の処理だけではどうしても満足できません。

どうしたら、この欲望を抑えることができるのでしょうか？　教えてください。

回答　異性と付き合うのはめんどくさいこと

中学生ですか。朝日新聞を読んでいるんですか、しかも「悩みのるつぼ」の読者ですか、末頼もしいですね。

中学生って、アタマのなかがこの方面のことでいっぱいの時期ですねえ。むらむら、もやもや、勉強も手につかないって気持ち、よくわかります。いえ、それがわかるようになったのは大人になってから、元男の子たちに思春期の性欲について話を聞いたからです。後になって同じ年代の男の子たちはあんなに煩悶《はんもん》していたのかと初めて理解し、そして男って性欲にふりまわされる生きものなんだねえ……と同情に堪えませんでした。男って謎じゃ。女のわたしにはわからないことだらけです。

一昔前の人生相談なら、スポーツに汗をかいて性欲を発散させましょう、と回答しそうですが、そんな逃げ道はやめときましょう。それにあなたは「ひとりで性欲を処理する」ことは慣れてるんですよね。むらむらしてるのは、「ほんものの女の子ってどんなものなのか」知りたい気持ちが抑えられないこと。

聞くところによれば、男性の性欲のピークは20歳前後。それから後は下り坂の一方、だそうです。エリート高校の男子生徒がガールフレンドはいない、なぜって「女と付き合うのはめんどくさいから」って言いました。性欲のピークにめんどくさいアンタは、いったいいつめんどくさくなくなるんだ？　まず覚えていてほしいのは、異性と付き合うのはめんどくさいってこと。友だちになるだけでめんどくさいのに、パンツまで脱いでもらう関係になるのはもっとめんどくさいです。それにセックスって子どもをつくる行為であることは覚えておいてくださいね。

で、めんどくさいことを避けて相手のあるセックスって何か、知りたければ方法があります。知らないことは知っているひとに教えてもらうに限ります。経験豊富な熟女に、土下座してでもよいから、やらせてください、とお願いしてみてください。断られてもめげないこと。わたしの友人はこれで10回に1回はOKだったと言っています。昔は若者組の青年たちの筆おろし（って知ってますよね）を担ってくれる年上の女性たちがいたものでした。わたしだってもっと若ければ……ただし相手のいやがることは決してしないこと。ご指導に従って十分な経験を積んだら、ほんとうに好きな女の子に、お願いしましょうね。コンドームの準備は忘れずに。

7 息子にどう性教育すべき?

相談者 主婦 30代

6歳と4歳の息子がいる30代の母親です。幼稚園年長の長男は、見たこと、聞いたこと、疑問に思ったら何でも知りたがります。毎日「人は死んだらどうなるの?」「地球には、どうして重力があるの?」などと聞かれ、一緒に調べてでも、わかりやすく答えるようにしています。先日は「僕はママのおなかから生まれたって言うけど、どこから出てきたの?」と聞かれ、「どこだろうね〜」と答えると、「自分で産んだのに、どうしてわからないの?」と言われました。

兄弟げんかで、たまたま長男の手か足が、次男の股間に強く当たって、次男が痛がったときには、私が「男の子の股は、とっても大事なところだから、けんかになっても気をつけないといけない」と話しました。すると長男に、「オチンチンはおしっこが出てくるところだから、大事なのはわかるけど、その下にあるタマはどんな役目があるの？」と聞かれ、「大人になったら赤ちゃんの種を入れておく大事なところなのよ」と話すと、翌日お友だちにも教えてあげたと報告され、とまどいました。

姉妹がいれば、何となくわかっていく生理のことも、家庭内で唯一女性の私が隠すと、全くわからず育ったり、隠せば隠すほど早いうちから変な方向へ興味が出てきてしまったりしたら……と心配になります。どう答えれば良いのでしょうか？

回答　性教育はオトナのほうが必要

なぜだかわたしのところには、下ネタ系の質問が集まるようですが、気のせいでしょうか。

このご質問の答えはとても簡単です。できるだけ早く、正しい性知識を息子さんに教えてあげてください。6歳や4歳だからって早すぎるということはありません。パパの男性器とママの女性器が結びつきあって受胎が生じ、胎内で赤ちゃんの種が育ってママの股のあいだから生まれる、と。

もしそうしないなら、息子さんの性情報の仕込み先には以下の3つの可能性があります。

(1)子ども仲間のませたお友だちからの口コミ情報。これはまちがいが多いだけでなく、ひそひそ話のような隠微さを伴います。

（2）オトナの読み捨てた週刊誌や雑誌などメディアからのエロ情報。これもまちがいだらけで、そのうえ偏見にあふれています。

（3）ネットのアダルトサイトやレンタルアダルトビデオへのアクセス。こちらはもっと問題だらけです。童貞のうちから、顔射なんて覚えられたら困るでしょう？

このうちどれがいいですか？　どれも困りものとお考えなら、きちんと正しい性知識を伝える方がずっとましです。自分の口から言うのがむずかしければ、世の中には子ども向けの性教育の絵本や書物が年齢に応じて刊行されています。それを読んであげたらいいでしょう。

その際、必ずパパとママが愛しあってセックスしたこと、セックスはキモチよい行為であること、そしてキミはこの世に歓迎されて生まれてきたのだよ、ということを伝えてください。セックスとは子づくりの行為だということを伝えましょう。子どもをつくる気持ちがなければ、きちんとそのための手段を講じなければならないことも。いずれの場合も必ず相手の同意がいること、同意なきセックスは犯罪だということも教えておく方がよいでしょう。

正しい性知識があれば、息子さんは子ども仲間のまちがった性情報を、「それはね……」と正してくれるでしょう。そして子ども仲間の尊敬をかちえるでしょう。少々うざがられても、正しい知識にまさるものはありません。そのためにはまず母親のあなたが正しい性知識を持つこと、そしてそれを口にすることを恥ずかしがらないことですね。性教育がほんとに必要なのはオトナのほうである場合が多いものです。

8 妻との現場を娘に見られました

相談者　男性　46歳

46歳、会社勤めの男性です。

私の悩みは46歳にして大変恥ずかしいのではありますが、中学1年生の長女に、妻との性交渉の場面を見られてしまったことです。

この前の日曜日のことです。

長女は友人とスキーに出かけました。予定では夕方まで、帰宅しないはずでした。

私と妻の気もついゆるんでいたのです。

しかし、スキーに連れて行ってくれた友人の親の車が故障してしまったのです。そのため、長女は予定よりも早く帰宅して、性交渉を目撃されてしまいました。

それ以降、長女は私たちを相手にした雑談というものを一切、しなくなってしまいました。話しかけても必要最低限の返事、「はい」などと言うだけなのです。

この事件の影響で、妻との性交渉もなくなってしまいました。年齢から言っても、妻との性交渉はそのうちなくなるだろうと思っていましたので、これは別に気にしてはいませんが、問題は娘です。

思春期の長女はかなりのショックを受けたと思っています。今後、親として娘の心のケアについて、どうすればいいでしょうか。

何かいいお知恵があれば、よろしくお願いいたします。

回答　性教育の絶好の機会では

おやまあ、今どきクラシックでほほえましいお悩みですこと。娘の留守中に夫婦で励んだ現場を見られて困ってる中年のカップルだなんて。このお歳《とし》で愛も性欲もあるカップルなんて羨ましい。

妻との性交渉はこれをきっかけになくてもよい、とありますが本気ですか？　40代、50代の男性はまだまだバイアグラ要らず。女性だって40代は昔から四十《しじゅう》しざかり、というくらい。愛はあっても性欲のなくなったカップルや、愛はないのに性欲だけでつながっているカップルにくらべれば、愛も性欲もある熟年のカップルとして、人生の蜜をたっぷり味わってくださいな。

え、家が狭くて子どもに見られる、ですって？　だから留守をねらったとか。

一昔前なら、同居の舅姑《しゅうとしゅうとめ》に遠慮して、というお悩みはありましたが、今や子どもに遠慮して？　住宅事情がよほど悪いなら、ラブホテルを利用する手も。

中学生にもなった娘さんは、両親がナニをしたから自分が生まれたぐらいのことはとっくに知っているでしょう。娘がショックを受けるのは、親が性の匂いを隠し通してきたから。娘さんだってこれから一生セックスせずに過ごすわけではあるまいし、いずれ、そんなこともあったわねえ、と笑い話になるでしょう。思春期の娘さんのショックは一過性です。それでセックスをこの年齢でやめるなんて、もったいない。

さて、娘さんにはどう対応したらよいのでしょうねえ。絶好のチャンスです。娘さんの性教育の機会到来と考えましょう。きっかけは、って？　この「悩みのるつぼ」を切り抜いて、妻と娘の目につくところに置いておきましょう。「お父さん、エッチ！」と娘が言ったら、すかさず「パパとママが愛し合ってエッチをしたから、キミが生まれたんだよ」と言ってあげましょう。「キミだってそのうち誰かを愛したらエッチをしたくなるから」って。そこから先は親子の会話がテレくさければ、本にまかせましょう。さりげなく10代向けの性教育の本を置いておきましょう。中山千夏『からだノート』のような女の子に配慮した手引もありますし、少し古いですが女性が性体験を自分のことばで語った『モア・リポート』は今でもおすすめです。ま、娘に読ませる前にまずご夫婦で読んだほうがよいですね。ほんとうに性教育が必要なのはオトナの方ですから。そういえば村瀬幸浩『性のこと、わが子と話せますか?』という本もありましたっけ。

第2章 家庭の外にあるエロス

9　30代の彼と別れられません

相談者　主婦　70歳

70歳になった主婦です。10年前から現在30代半ばの美容師と出会い、付き合っています。

彼は20代で店長になったやり手で、現在は複数店舗を経営するような立場になりました。

最初はとても純情で、本当に好きでした。週1回デートし、その度に服やアクセサリーを買ってあげ、誕生日には10万円以上のプレゼントをしました。彼への贈り物は年間250万円から300万円になります。

彼には彼女が2人くらいいたのですが、この7年ぐらいは誰もいません。1人でローンでマンションを買って住んでいますが、いくら頼んでも部屋に連れて行ってくれません。

また車が故障したとかで27万円貸しましたが、給料日に少しずつ返すと言っていたのに、知らぬ顔です。2人はキスまでの関係でそれ以上はありません。

私には70代のすばらしい夫がいて、何もほかに求めることもないのに、その彼はとても美しく、見ているとときめきます。彼の美容院には今は1時間半かけて週1回通っています。電話もしてこないし、買い物ばかり行きたがるし、不満だらけなのに別れられません。2人の間にもう親密さができてしまって、彼から断られない限りは、どうしても切れません。

私は50代に見えます。やはりこんな彼とは離れたほうがいいとは思っていますが、どうすればよいでしょうか。

回答 ペットだと思えば腹も立ちません

きみぺこと「きみはペット」というマンガがあります。20代後半のキャリアウーマンのところにころがりこんできた若者を、ペットのように飼う、というお話です。

あなたは70代、お相手は30代。この年齢差で異性のペットが飼えるなんて、男女が逆ならあるかもしれませんが、人も羨《うらや》む話ではありませんか。相手をペットだと思えば腹も立ちません。主婦とは言いながら、年間にペットに使うお金が200万も300万もあるなんてうらやましい。ペットは餌をくれるあいだだけ、ご主人さまのところに居つきます。あなたはそれを知っているから、餌代を惜しまないのですね。錦鯉《にしきごい》に何百万円も投じる人もいますし、保険のきかないペットの医療費に何十万円も使う人もいるのですから、少々維持費が高くつくペットと思えばよいでしょう。

そもそもペットというのは、見て楽しみ、そばにおいて喜ぶ以上になんの役にも立たないものです。ペットに見返りを求めてもムダなだけ。あなたが彼と性関係を求めるわけでもなく、今の結婚を解消して彼と再婚したいわけでもなく、時々会ってその美しさを愛《め》で、ご自分のヘアケアやエステをかまってもらい、それだけのおカネを使っても家計が破綻《はたん》せず、サラ金に手を出すわけでもなく、夫とトラブルが起きず、それが暮らしのうるおいになっているなら、おやめになる理由はなにひとつありません。しかも相手の男性は、キス以上の関係を持とうとせず、愛人がいることも隠さず、自分の家に招かず、結婚をちらつかせてあなたにいたずらな期待を持たせず、ホストのように際限なく貢がせてあなたを経済的破綻に追い込むこともなく、その程度には無心の額にも節度を持っているふしがありますから、「婚活」詐欺ってわけでもありません。

でもあなたは、苦しんでおられるのですね？　こんな関係はやめたほうがよい、と。あなたはきっと、相手に見返りを要求したくなったんですね。使った金額をこんなにいちいち覚えているのはそれが投資だと思えばこそでしょう。投資というのは回収を予期したおカネ。で、あなたは彼から何を回収したいのですか？　セックス？　愛情？

ペットの飼い主であるための条件は抑制と寛容、すなわち支配者の徳です。それが持てないなら飼い主の資格はありません。

10　若い男の子がかわいくて

相談者　病院勤務　女性　45歳

45歳の既婚女性です。フルタイムの仕事もしています。

最近、若い男の子がかわいくて仕方ありません。

大学生と高校生の娘の男友だちもそうです。仕事は病院の受付ですが、ちょっとカッコイイ患者さんだと、すぐにしゃべりかけたりしてしまいます。今のところ、とくに嫌がられたりしていないと思いますが、それだけにどんどん話したくなります。

芸能人でも嵐や向井理が好きで、彼らが出る番組は必ず録画して何度も見たりしています。行きつけの美容院には、担当の美容師さんに会いたくて行く回数も増える始末です。

鏡を見ると、お世辞にもきれいとは言えない自分の顔に失望します。でも、若い男の子とお茶できたら楽しいだろうなという妄想は膨らむばかりです。

昔は男性なんて全く興味もなく、今も夫とは長年のセックスレスです。でも夫婦仲はとても良好です。

このままいくと、若い男の子を本当にお茶に誘ってしまいそうな自分がいて、こわくなります。冷静を装いながらも、若い男の子と話せるチャンスを常に考えているのです。

こんな感情は年を取ると、徐々に薄れるものでしょうか。それとも増していくのでしょうか。

どうしたらいいでしょう。どうか、よいアドバイスをお願いいたします。

回答　おもしろいオバサン役割ならＯＫ

喜寿になるわたしの友人は嵐の熱烈なファンです。ＣＤやＤＶＤはおろか、コンサートにも追っかけしています。

自分の加齢を感じたら、男女を問わず若い人たちのみずみずしさがまぶしく見えるようになるのは自然。若い娘をつい誘いたくなるオヤジと同じく、若い男の子につい声をかけたくなるオバサン心も理解できます。わたしだって目の前にいる学生さんのつやつや、ぷるっぷるのお肌に触りたくて触りたくて、自分の手を抑えるのに必死でしたもの。

若い男の子を誘いたい？　ぜんっぜんかまいません。こんな感情は年を取ると薄れる？　いいえ、ますます強くなるでしょう。若い子は、自分の利益になるなら誘いに応じるでしょう。ノーと言えないオヤジのセクハラと違って、相手はイヤならついてこないだけです。

知らない世界を教えてくれたり、食べたこともないものをごちそうしてくれたり。若い男の子が目の前でわしわしと豪快にメシを食うのを愛《め》でるのは楽しいもの。そのために身銭《みぜに》を切ってごちそうしてもよいと思うくらい。これってまったくオヤジの楽しみと同じですね。このくらい自分に許してもかまいませんよ。

ただし相手が自分を異性として見ているだろう、なんてカンちがいだけはしないこと。これだとオヤジのカンちがいと同じ。きれいかどうかなんて相手は気にしちゃいません。世代の違う友人、それも話しておもしろいオバサンの役割を演じるつもりなら、どしどし声をかけたりお茶したりしてください。

そのうち向こうも、夢中になっているサッカーチームのゲームに誘ってくれたり、パソコンを教えてくれたりするかもしれません。異文化体験は、どちらの側にとってもおもしろいものです。娘さんしかいないあなたなら、疑似息子体験もできるでしょうし。

気になるのが、聞かれてもいないのに「夫とはセックスレス」と書かれてあること。まちがっても夫との関係の代償は求めないことですね。これまで男性に興味がなかったとのこと、恋愛免疫のない中年の女性が若い男に狂うとダメージが大きいですから、要注意。

世代差の大きい友人関係の秘訣《ひけつ》は、自分が与えたものは相手からは決して返ってこない、と観念すること。おカネもエネルギーも時間もすべて持ち出しで、寛大で話のわかるオバサンに徹するつもりなら、友人関係はゆたかに拡《ひろ》がります。

11 ステージの上に恋しちゃいます

相談者　女性　30歳

30歳の女性です。

私は異性に対して臆病《おくびょう》なのか、テレビの中やステージの上にいる人にばかり、恋をしてしまいます。

高校生のとき、あるバンドのライブに通うようになり、メンバーの一人を好きになりました。ライブに通うためにバイトして、おしゃれして、という日々で、対象は変わっても、そのまま今に至っています。手紙を書き、プレゼントもします。

その人と「付き合いたい」などと私が言うと、周囲は「現実に目を向けなさい」とさとします。でも、現実の異性としゃべると、友人に言わせると、「ケンカ腰の口調」なのだそうです。自分では、緊張して口調がぎこちなくなってしまっていると感じているだけなのに。

そんな小学生のような私を好きになってくれる人はかなり希少な存在だと長く思ってきたので、好きになっても、一歩引いてしまいます。

子供のとき、いつも遊んでいる友だちは男の子にモテていました。でも、私は太っていて、「ブス」というようなことを言われた思い出があります。その経験から、それまで普通に接していた異性ともまったく話ができなくなりました。今は異性の友人もほとんどいません。

このまま、ステージの存在に恋をしつづけて一生独身なのかなあとか、漠然とした不安と寂しさを感じています。

回答　男はいてもよし、いなくてもよし

あなたはこのままでは負け犬、おひとりさまになってしまうかも、とお悩みなんですね。

大丈夫です、負け犬の大先輩、元祖おひとりさまのわたしが請け合いますから、なんのご心配もいりません。これまでの30年間、男いらずで過ごしてきたあなたは、これからの30年間も男いらずで過ごせるでしょう。あなたには、30年間「なしですませてきた」実績があるのですから。その頃になったらあなたの友人たちの大半もおひとりさまになってることでしょう。結局ひとは、自分に必要のないものは求めないものです。

バンドのメンバーが好きなんですって？　いいですよ、「ステージの上の

彼」は幻影なんですから、思いっきり入れあげましょう。「付き合いたい」ですって？　今日びの若者ことばでは「付き合う」ったあ、セックスするってことですが、ほんとに相手が「付き合う」って言ったらどうするんですか？　ベッドインする気ですか。およしなさい、ファンをもてあそぶ自己チュー男に幻滅するに決まってますから。

だいたい歌手だのスポーツ選手だのは、舞台の上にいるからオーラがあるもの。舞台から降りたらタダのひと。それどころかタダ以下のひともいます。あなたは彼のオーラに惹《ひ》かれているんだから、舞台から降りた彼は別人、と考えることですね。

それにタレントやスターへの憧《あこが》れにはいずれ飽きが来るもの。飽きたときに相手をとっかえるリスクもコストもかからないのも追っかけのよいところ。これがほんとの男だったら、別れるためのリスクとコストは大きいですよぉ。

それより、あなたが仕事のことを一言も書いていないことの方が気になります。30歳なら、そろそろ結婚を予定に入れない人生設計を考える年齢ですね。着実に仕事をして、年金をきちんと払い、ローンを組んで小さくても自分の住まいを確保し、同性の友人を大切にしてひとり暮らしの足場をおつくんなさい。「婚活《こんかつ》」なんてしなくていい生活基盤をつくることですね。男はいてもよし、いなくてもよし。いた方がよい男もいれば、いない方がまし、な男もいます。つい「ケンカ腰」になるのは、相手を意識しすぎてる証拠。お友だちになってもいいしならなくてもいいや、と思っていたら、自然に脱力して異性ともお近づきになれるでしょう。

12　33年前に別れた恋人と再会し

相談者　主婦　50代

50代の主婦です。

33年前に別れた恋人と、再会しました。私たちは結婚するつもりでしたが、若かったこともあるし、気持ちの行き違いがあって別の人と結婚し、遠くへ嫁ぎました。夫は彼のことを知っていますが、私が今でもまだそういう思いを持っていたことは知りません。子どもたちも独立し、夫婦2人で何ごともなくしあわせに暮らしています。

でも私は彼を忘れてはいなかったのです。12年ぶりに里に帰ったとき連絡をとりました。彼も素直に喜び、学生の頃のように心から笑い、思い出話に花が咲き、6時間あっという間に過ぎてしまいました。

お互い幸せな結婚をし、立場もわきまえていますので誰も傷つけることなく心の中だけと決めていますが、いつかまた会えると、2人とも考えています。

異性というより肉親のように何でも話せてわかりあえる相棒のような存在です。私たちは生きていくことが新鮮になり、やさしい気持ちになり、お互いの仕事の励みにもなっています。遠くて会えないので、時々メールや電話で近況報告をしようと約束しました。家族を愛してきた私がこういう気持ちになって、やさしい夫に申し訳ないと思っています。お互いの配偶者を裏切っていることになりますか? 私が逆の立場ならいい気持ちはしません。少しずつ心も離れていった方がいいのですか?

回答　歳月がもたらした贈り物として

昔の彼と再会してよかったですね。33年とは気の遠くなるような時間。ふつうは相手の変貌《へんぼう》ぶりに（自分の変化のほうは棚に上げて！）がっかりするものですが、お互いに失望することもなく、昔のように気持ちが通いあったとは、まことにうらやましいことです。

夫を愛し、家庭を愛し、33年間の自分の過去を愛しているあなたに、新たな出会いがあったからといって、どうしてそれが「裏切り」とか「申し訳ない」とか恐ろしいことばで呼ばれなければならないんでしょうね。これが「逆の立場」なら、あなたは夫を責めますか？

人生の黄昏《たそがれ》に出会いや再会があることは恵みといってよいもの。今さら家庭をつくりかえそうとか、夫を取り換えようとかいうのでなければ、親しい友がひとり増えたと思えばよいのです。結婚した女は、異性を友にしてはならないと誰が決めたのでしょう？　人口の半分は異性。その半分を友人関係から排除するなんて、もったいなさすぎます。

子育てを終わったあとの長い老後には、もういちど男女共学の交友関係が生まれてもおかしくありません。友人なら親しい友がいても、もうひとり友が増えてもかまいません。それが異性だというだけです。

それに親しい友ができたからと言って、以前からの友にわざわざ報告する義務はありませんから、夫に言う必要もないでしょう。あなたが機嫌よく幸せに暮らしていることが、お互いにとって何よりなのですから。

妻の老後の豊かな交友関係を嫉妬したり妨げたりする夫が狭量なように、もし「逆の立場」であなたが異性を含む夫の交友関係を妨げるとしたら、やはり狭量なことでしょう。まさか自分さえいれば夫はそれで十分に幸福、と思うほど、傲慢《ごうまん》ではないでしょうね？

ま、それにしても一度や二度の再会で舞い上がらないことですね。33年の時間はお互いを確実に変えています。もっとじっくり会ってみれば、お互いに知らなかった暮らしの澱《おり》や変化がわかっていくもの。

そのうえでなお培われる成熟した友情なら、歳月がもたらした贈り物と考えて、その滋味を味わいましょう。そして自分がそんなに豊かな経験を味わうことができたなら、夫にも同じ経験を味わわせてあげる気になるでしょう。

13 家庭外に好きな人いても淋しい

相談者　既婚女性　40代

40代後半で夫と2人の娘。フルタイムで働いています。

第2子出産から夫は同居人となり、普通に暮らしていますが手も触りません。一見、ふつうの家庭に見えると思いますが、互いに愛情というものはなく、たぶん思いやりやいたわりもなく、でもおそらくこのまま時が過ぎていくと思います。

元同僚で9歳年上の彼がいます。今は勤務先が違いますが、単身赴任中で、メールも比較的自由にできます。都合をつけて月に1回、会っています。

彼の家庭も冷え切っているようですが、子どもの問題もあり、おそらく離婚はしないし、できないと思います。私のことはとても大事にしてくれ、誕生日プレゼントも欠かさず、出張に行くと何かしら小さなお土産もくれます。優しくて賢い人です。8年付き合っていますが、彼は自分にできる最大のことを私にしてくれていると思います。

私はでも、とても淋《さび》しいのです。この先ずっとこのままの関係が続くでしょう。離婚して結婚したいのではありません。このままのほうが都合がいいくらいです。いいところだけ見せて、いいとこどり。でも、淋しいです。経済的な心配もなく、さいわい今はみんな健康で何も心配はありません。でも恋愛でずっとずっと悩み続けている人生のような気がします。この淋しさは仕方ないのか、ぜひ上野先生にお聞きしたいです。

回答　恋愛するから孤独を味わうのです

ご指名、光栄です。不倫ということばはキライなので、婚外恋愛と呼びましょう。

はい、婚外恋愛は孤独です。誰にも言えない恋愛は、孤独に決まっています。あなたは夫に隠し事をし、恋人にも何もかもを預けることはできず、ひとりで抱えこむしかないでしょう。その「淋しさ」に耐えられないようなら、婚外恋愛はおやめなさい。婚外恋愛とは、節度のあるおとなだけの特権ですから。

幸いにあなたの恋人は、そういうおとなの資格の持ち主のようですね。「月に1回」の逢瀬《おうせ》という負担の少ない頻度、誕生日も忘れず、出張みやげにくれているのは「小さな」プレゼント。「自分にできる最大のこと」をしてくれているというのは、「それ以上のことはしない」という節度の持ち主だという意味ですね。「優しくて賢い人」というあなたの観察は、そういうはめをはずさない相手のほどのよさを指しているのでしょうし、あなたはその節度に焦《じ》れているのでしょう。だからこそ8年も続いてきたというのに。

この淋しさに耐えられないようなら、お互いに隠し事のないシンプルな関係を選ぶことです。家庭をこわして恋人を夫に選ぶか。たぶん彼はそれに応じないでしょうし、たとえそうなってもふりだしに戻るだけ。待っているのは淋しさの代わりに失望でしょう。

あなたが悩んでいるのは「恋愛」なんかじゃありません。結婚や家庭をゴールとしない、お互いを独占するつもりのないおとなの恋愛は、かならず孤独をひきつれてきます。ひとは孤独を癒やすために恋愛するのではなく、恋愛するからこそ他人にどうしてもゆだねることのできない孤独を、心底味わうのです。だからこそ、わずかな出会いが闇の中の星のように輝くことを、あなたはまだ知らないのでしょうか。

「この淋しさは仕方ないのか」と書くあなたは、実はもう答えを知っています。

はい、仕方ありません。孤独はあなたの人生の彫りを深くします。きっとあなたの夫も孤独です。夫を愛さなくてもいいから、大事にしてあげてください。彼にも彼の妻を大事にしてあげるように言ってください（きっととっくにそうしているでしょうが）。そして孤独な魂があいよるこんな関係が8年も続き、これからも続くだろう幸運を、お互いにしみじみと味わってください。

14 元カノの「友人」と結婚したい

相談者　男性　27歳

この春、第2の就職をした27歳の男性です。今、数年内には「結婚」したいと考えている女性がいます。相手は学生時代に付き合っていた元カノです。

2年前に再会し、第2の関係を築こうとしている最中です。相手には彼氏がいますが、別れることを検討してくれていて、まんざらでもないようです。

私は「恋人」より「愛を前提とした友人」と結婚したいという結婚観を持っています。両親は恋愛結婚でしたが、母親には大変な浮気癖があり、私が中学生の頃、離婚してしまったことが多大な影響を及ぼしています。「恋人は愛が冷めたらそれで終わり。でも友人は愛が冷めても友人だから一生続くだろう」というのが私の結婚観の理由です。

社会人になってからは上記のことを意識して女性とお付き合いをしてきました。その結果、大変居心地が良く友人的である元カノに戻ってきた次第です。ただし仲の良い友人(女性)数人に私の考えを話しても理解できないと言われます。さらに最近、私は旅先や再就職先などで女性との新たな出会いがあり、「自分は女性が大好きで、居心地のよい元カノと結婚しても駄目になってしまうのでは」と自分を恐れています。

それでも元カノを一刻も早く今の彼から奪還し、結婚へ進みたいという焦りもあります。どうしたらよいと思いますか?

回答　あなたの結婚観を彼女も共有する？

恋愛は非日常、結婚は日常。恋愛から始まった結婚には恋愛を友愛に変換するソフトランディングが必要です。燃えさかる原子炉を、冷却装置を働かせてメルトダウンさせずに冷やすくらい、この変換はむずかしそうですね。なにしろ「結婚は人生の墓場」という結婚観さえあるくらいですから。

地方の結婚式場で「最後の恋が始まる」というポスターを見て、苦笑したことがあります。恋愛のどきどき、わくわく感は、脳内でドーパミンが放出される非日常の快感。この快感はくせになります。若いときに恋愛好きだったひとは、その後の生涯においても恋愛好き。結婚したからといってそれが「最後の恋」になるなんてことはまずないでしょう。

はい、「恋人」より「愛を前提とした友人」と結婚したい、と考えるあなたの結婚観は、たいへん堅実でリアルなものです。

どうやら母親の浮気癖があなたのトラウマになっているようですね。わたしは「浮気」でなく、「婚外恋愛」と呼びますが。結婚の前にも後にも外にも恋愛はあるのに、結婚の中にだけ恋愛はないようですね。これが恋愛結婚の永遠の背理です。

問題はあなたの結婚観を彼女が共有してくれるかどうか。お互いに「結婚は恋愛ではなく友愛のたまもの」と合意ができればよいですが、相手が「結婚は恋愛の延長」という結婚観を持っていれば、彼女は結婚にただちに幻滅し、べつの恋愛対象を求めるでしょう。相手をとっかえては幻滅を重ねるコストを支払いたくないのなら、結婚は結婚、恋愛は恋愛と、結婚の外に恋愛の相手を求めるほかないでしょう。こういう女性を妻にしたら妻の婚外恋愛を受容するしかありません。あなたはそれを恐れているのでしょう。自分も同じことをやるかもしれないという恐れとともに。

とはいえ、元カノには今カレがいる。そのカレから元カノを奪還しようとしているあなたはジレンマに陥っています。奪還には非日常のエネルギーが要り、それは恋愛に近いからです。

でも友愛があれば大丈夫。恋愛は排他的ですが、友愛は第三者を排除しません。好きな人にお友だちがひとり増えたからって、いちいち嫉妬しないでいられるくらいの友愛があれば、安心して彼女を選びましょう。恋愛ごときでボクたちの友愛はこわれない、と信じて。

15 「婚外恋愛」はごまかし言葉

相談者　学生　19歳

19歳学生です。「婚外恋愛」についてお聞きします。

この4文字は「不倫」の遠回しな言い方で、背徳行為に対する罪悪感や、妙な美意識から生み出された逃げ口上に過ぎません。それを肯定的に捉える人々がいることに疑問を感じます。

結婚という制度・契約に何か乙女チックな幻想を抱いているわけではありません。しかし契約は契約。配偶者とうまくいっていなかったり、疲れたりして違う相手で気分転換をしたいことがあっても、一つの関係を清算してから次にとりかかるのが、恋愛のみならず人間関係でのルールではないでしょうか。

一つの家庭を持って愛する責任や家族を守る義務を負いながら、大したリスクを背負いあうことの無い誰かとの非日常を楽しむ。恋愛や結婚からの観点ではなく、人間の行為として鑑みると背筋の凍る思いです。

モラルというと陳腐に聞こえますが、法律も学校で教わった道徳も関係無い、グレーゾーンが広くて深くわかり難い、それでも踏み越えてはならない一線を引く努力から、今の人間は逃避していませんか。私の両親は、私や姉妹が成人したら楽しい老後を満喫する、と話しますが、「不倫だけはやめてね」と言っておきました。「するならちゃんと離婚するか相手に伝えてよ」と。「婚外恋愛」に肯定的な意見を持っていらっしゃる方に回答をお願いします。

回答　守れない契約はそもそも不自由

「婚外恋愛に肯定的な意見を持っている」と思われたらしい上野に、ご質問がまわってきました。若々しい怒りと潔癖さが伝わります。あなたの怒りはもっともです。契約したのに、その契約を平気で破る大人たちに、あなたの怒りは向かっているのですね。

近代社会では結婚は成人した市民同士の契約です。そのなかには相互の扶養義務のほかにセックスを契約者以外としない、という項目が含まれています。契約外の第三者とセックスしたら契約破棄（離婚）の理由になる、そして相手に損害賠償請求できるという法的根拠があることから、この契約が結婚契約に含まれることがわかります。だからわたしは結婚をこう定義しています。

「たった一人の異性に排他的かつ独占的に自分の身体を性的に使用する権利を生涯にわたって譲渡すること」

この契約、守れますか？　既婚者のなかには、契約違反を平気でしている人たちもいますし、最初から守れないものとタカをくって契約を結んでいるひとも多いようです。あなたはこれが許せないのですね？　まったく同感です。少なくともわたしは、こういう契約はおそろしくて結べません。約束しても守れそうもないので、いちども約束しないできました。なんてバカ正直なんでしょうね（笑）。

こういう守れない契約を社会の基礎として成立した近代社会ってヘン、て思いますか？　この謎を解きたかったらジェンダー研究へどうぞ。

ところで契約違反かどうかを判定する「一線」て、何でしょうか。配偶者以外の異性と一緒にお茶するのはＯＫ？　食事は？　キスは？　ベッドインは？　セックスに恋愛感情が伴っていなければ許せる？　それともセックス抜きで恋愛感情が伴う方が許せない？　そのつど配偶者に許可を得たり、報告しなくちゃいけない？……許す許さないと、他人の感情や欲望を統制できると思えるなんて、なんと不自由な契約でしょうねえ。聞けば聞くほど守れそうもなくなります。

はい、契約違反した人たちには、すべからく契約を解消していただきましょう。それがあなたの納得する解決ですから。

そもそもセックスの相手をおクニに登録して契約を結ぶ必要なんてない、と思いませんか？ そうすれば「婚外恋愛」も「不倫」もなくなります。登録は親子関係だけで十分。これがあなたの問いに対する根本的な解決です。

第3章 困った夫、困った職場

16 気遣いない夫に困ってます

相談者　主婦　30代

30代女性です。ずっとモヤモヤしてます。出産するまで17年間正職員で働いていました。

職場では、コピー用紙やインクなどがなくなりそうなとき、気付いたら補充していました。みんなが段ボールやパンフレットを回収場所に出したのをまとめ、古紙回収日には忘れないよう、朝一番に出していました。「気付かなくてすみません」と手伝ってくれた後輩たちは、私が率先してやって見せることで、自然と成長していきました。

産後仕事を辞め、家庭に入りました。でも資源ゴミの日など私が缶や瓶を仕分けたり、新聞をまとめたりしていても、夫はお願いするまで手伝いません。

揚げ句の果てに「職場でもわざわざ手伝えと言ってくるヤツがいるけど、気付いた者が自分でやればいい。わざわざ言いに来る暇があるのに腹が立つ」と言われ、ぼうぜんとしました。我が家でもトイレットペーパー、シャンプーなど、夫は買い置きのある場所さえ知りません。当たり前のように「気付く人は損。それが嫌なら気付かないフリをしたらいい」と。

悲しすぎます。これから子育てをしていくのに、考え方が違いすぎて自信がなくなりました。夫は職場でも気遣いのできない人だと分かり、いたたまれなくなりました。夫はボランティア自体を否定する人間です。どうしたら夫が自発的に動くようになりますか？

回答　「返品」するか、再教育するか

あなたのお悩みはゴミ問題とは別のところにありそうですね。職場で後輩たちがあなたを見習ってくれたのは、あなたが先輩だからこそ。上司は見習ってくれましたか。ウザイ、と思いながら口にださなかっただけかもしれませんよ。

あなたがほんとうに心配しているのは、「気遣いのできない夫」と、生まれた子どもをこれから共に育てていけるだろうか、ということではありませんか。一事が万事。「気づいた方がソン」という夫は、妻の子育ての苦労に気づかず、子どもが不登校になっても気づかず、親の介護負担が生じても気づかないままやりすごすでしょう。結婚前に、それに気がつかなかったんですか？　うかつでしたね。

答えはふたつにひとつ。不安が現実になる前に選択を変えるか（それにしても夫は返品できますが、子どもは返品できませんね）、それとも夫は他人、とことんことばで伝えなければわからない鈍感な生きものとわきまえて、口を酸っぱくして要求しつづけるか。夫をとり換えなくても、再教育することはできます。相手が「自発的に動く」ようになることなど、期待しないことです。

そのあいだに夫婦のトラブルは絶えず、お互いの関係はとげとげしくなるでしょう。言っても言っても無視しつづけたあげく、うるさいと怒りだしたらその時は本気でキレて、夫婦関係を解消したらよいのです。そこまでガマンの閾《いき》値《ち》をあげますか？　そこまでぼろぼろになるほど、今の夫にあなたのエネルギーを投資する値打ちがありますか？

夫婦関係に波風を立てるくらいならと、日本の妻は昔から「気がついたわたしが黙って何もかもやる方が早い」と身を粉《こ》にしてきました。ゴミの分別をめぐるあなたのお悩みは、あまりに伝統的な日本の妻のお悩みなので、わたしの方がびっくりです。

子育てはその人の生き方が試される、ごまかしのきかない正念場。それを契機に夫に変わってもらう。そのための努力をあなたがする。あなたの努力に効果がなければ、夫を見限る。それもあまりずたぼろにならないうちがいいですね。腐ったリンゴは一口噛《か》めばわかるって言いますから。それにしても17年も続けた正職員の仕事を手放したのは惜しかったですね。夫を返品する自由がなくなりますから。

17　働かない夫を更生させたい

相談者　育児休業中　女性　31歳

現在、職場を育児休業中の31歳女性です。この秋に第2子が生まれますが、26歳の夫が仕事をせず、上の子の面倒もみないので困っています。

3年前に結婚した際、夫は大学生でしたが、まもなく退学。定職に就かず、アルバイトも長続きしません。

一昨年の息子誕生を機に、私は育休をとり、家事と子育ての日々です。貯金を取り崩して何とか生活しています。

それなのに夫は、家でテレビゲームをするばかり。家事を頼めば、しぶしぶ手伝うけれど、自分からは動きません。子守を任せても、一緒にテレビを見ているだけ。「仕事してよ」と迫っても、「わかってる」と答えるばかりです。

口論もしました。「就職して」から「1日2時間だけでもパートに出て」「ゲームの時間を減らして」と、要求のレベルをだんだん下げましたが、ダメなんです。夫の両親にも訴えましたが、「仕方のない子ね」という反応で、彼に注意するでもありません。甘いんです。

彼のことは好きだし、子どもがいるので別れたくはありません。次の子が生まれた後、私がすぐに職場復帰し、彼に「専業主夫」をさせてもいいのですが、今のままだと、子どもを任せるのは心配です。どうすれば、無気力な彼を「更生」させられるでしょうか。

回答　「家長」と「主婦」を両方続けますか

夫が仕事をしないのは、仕事をする理由がないからです。

あなたが働いて収入があり、育休がとれるような有利な職場におり、家事と育児を一手に引き受けていれば、夫には何もすることがありません。

たぶんあなたは「家長」と「主婦」の役割を同時に果たしており、その両方がこなせるほど有能な女性のようですね。甘やかされて育った夫は、自分の親に代わる新たな庇護《ひご》者を、あなたに求めたのではないでしょうか。

「彼のことは好き」とありますが、彼のどこがよかったのでしょう？　世間知らずの純粋さや甘さ、安きに流れる弱さを含めて愛したのなら、これからもあなたが「家長」と「主婦」の二役を引き受けて、「うちにはもうひとり子どもがいる」と覚悟することですね。

　これまでも、ギャンブル狂いの夫や、極道や芸事に入れこむ夫を、「もうひとりの子ども」と見なして肝っ玉母さんをやってきた日本の女はいっぱいいるのですから。昔と違うのは、あなたを含めて今時の女は「しかたないわね、男ってそんなもの」と許容できないこと。妻の夫に対する受忍限度は明らかに低下しました。

　あなたは彼に何を期待しているのでしょう？　自分と結婚生活を継続したいなら育児か仕事のどちらかか、またはその両方を分担するか、を要求するなら、そういう環境をつくらなければなりません。「子どもを任せる」のもそのひとつ。「心配で任せられない」としたら、あなたにその気がないか、それとも完《かん》璧《ぺき》主義で子育ての水準を下げたくないか。他人が自分と同じ能力の高さを持っているとは期待しないことです。任せたら干渉しない。子どもが元気で育っていてくれたらそれでよしとすることです。

　もしかしたら現実逃避的で競争を避けたいらしい夫は、あなたよりよい親になるかもしれませんよ。外で闘って帰るあなたにとっても、何よりの癒やしになるかもしれませんし。もし子育てにも無責任な夫なら、人間的に問題があると見限るべきでしょう。

それでも「男とはこうあるべし」という期待をあなたがどうしても捨てられないなら。男を見る目がなかった、といさぎよく母子家庭になる方が、この先、扶養家族もストレスも、両方少なくてすむでしょう。

18 仕事辞め、主夫を希望する夫

相談者　医師　30代

30代の女性医師です。

数日前、映画ソフト制作会社のプロデューサーをする夫から、会社を辞めようと思うと言われました。社長の気まぐれな指示変更に振り回されるなどのストレスを抱え、また住まいのある地方都市から東京までの通勤も楽ではなく、以前ほど仕事に情熱を持てないようです。退職後のアイデアは具体的ではなく、特別やりたいことはないようです。生後2カ月の子どもがいるので、主夫をやってもいいようなことも言っています。

本人も認めるように、妻が医師であり、自分が辞めても生活が成り立つことが判断に影響しています。だから私がOKか、というと釈然としません。

私は、結婚してつまらない男の奴隷になるなら、一人で人生を謳歌《おうか》したいと思っていました。「医師」「団体役員」という私の肩書に頓着せず、私の収入が2、3倍多くても卑屈にもならず、自分の世界がある彼に誇りを持っていました。しかし、この時期に見通しもなく会社を辞めたら、そう簡単に仕事も見つからないでしょう。万一、彼が家でだらだらと過ごすことになったら、愛情を維持し続けられるか不安です。「男の沽券《こけん》など気にしない」という彼の美点と思っていた屈託のなさが、怠惰な自分への言い訳のように思え、私自身が世間と同じように夫を評価してしまいます。どうお考えですか。

回答　パートナーに求める優先順位を

昔の回答者ならきっとこう言ったことでしょう。「夫をしゃんとさせたいなら、あなたが仕事をお辞めなさい」

……男を立てる、ことだけが女の生きる道だった時代のアドバイスですが、これではギャンブルですからリスクが高すぎます。医師という職業を投げ出す必要はありません。

このご質問の男女が入れ替わっていたら、きっと何の問題もなかったことでしょう。問題を感じるのはあなたの側。夫には尊敬できるひとでいてほしい、しかも男として、というあなたの男性観が問題の原因のようですね。

妻の仕事と活動を尊重し、妻のライフスタイルに合わせ、妻の育児に協力するつもりでいる「やさしい夫」に、そのうえ仕事の上で自分の夢を追求してほしいというのは、ちと欲が深すぎるのでは。夫に生活保障から社会的成功、性的満足から知的刺激、家事育児への協力から気配りと癒やしまで、何もかも求めるのはあきらめてください。

そもそも両立しない項目が多すぎます。とりあえずあなたは夫に生活保障を求めなくてすむ恵まれた立場にいるのですから、パートナーに何を求めるかに優先順位をつけて、そうでない項目には目をつむることですね。

しばらくは育児に協力してもらうのもよいかもしれません。が、夫婦の役割が逆転しても「主夫（婦）症候群」の閉塞《へいそく》感やイライラはなくならないことが経験者からわかっていますから、時限付きにするのも一案です。さる女性は子育て専念中に夫から次のように通告をされたと言います。「ボクは子どもを扶養する責任は感じるけど、キミを扶養する責任は感じないから、子どもが3歳になるまでに仕事を見つけてね」。今ごろになって言うなよ、と言いたい気分でしょうが。

夫婦になろうが親になろうが、自分の人生は自分で生きるしかないもの。

「妻のため」も「子どものため」も言い訳にはなりません。あなた自身が「夫のため」「子どものため」を言い訳にしないで生きていれば、その姿勢から夫は学ぶでしょう……え？　もし学ばなかったら、ですって？

男として尊敬できなくてもOK、でも人間として尊敬できなければ、それが関係の終わりです。ひとを見る目がなかったと己を呪い、すっぱり捨てましょう。ストレス源になる夫なら、いないほうがずっとましです。それができる自分の経済力を祝福して。

19　義理の父親がひどすぎます

相談者　会社員　30代

40歳目前の女性会社員です。結婚11年目で3児がいます。夫は家業の農業を継ぎ、60歳の義父母と働いています。住居は敷地内に別棟を建てて住んでいます。相談は義父のことです。

義父は仕事中も自宅でも義母に対して大変乱暴な口をきき、馬鹿にした態度をとります。私や客がいても同様です。

夕方、水戸黄門を見ながら台所でお酒を飲み、義母にあれを出せ、これを作れと頭ごなしに命令します。孫が遊びに行くと自分のつまみを食べさせ、機嫌よく遊ばせますが、気に入らないことがあると孫に対しても「ばかやろう、死んじゃえ」と平気で口にします。

義母や義祖母は孫が来ると喜ぶので、なるべく実家に顔を出したいと思っているのですが、義父の態度が不愉快でなりません。私が何を言っても義父の妻に対する態度が変わるとも思えないのですが、目にする度に一言言ってやりたい気持ちになり、精神的に苦痛です。

義母は毎回腹を立てているようですが、仕方ないと思っているのか、反論しているのを見たことはありません。夫を含め子どもたちの態度も同様です。なるべくかかわらないようにしているのですが、実家に行くと台所で顔を合わせてしまいます。なるべく冷静にかかわっていくつもりなのですが、わがままな義父に対してどういう心持ちで接していけばよいでしょうか。

回答　親の夫婦関係は他人事と割り切れば

なんとまあ、昔ながらの古典的なお悩みでしょう。でも時代が変わりましたねえ。あなたのご相談には夫への不満が一行もなく、舅《しゅうと》　姑《しゅうとめ》との確執が一言も触れられていないので、大いに安心いたしました。

はい、同一敷地内に住んでいようと、同じ家業を営んでいようと、義父と義母の関係がどうあれ、夫婦はもともと他人、他人の親はもっと他人。他人の夫婦関係がどんなに不愉快であっても、当事者がそれを解消する気がないかぎり容喙《ようかい》できないのが、夫婦関係というものです。

あなたの夫が義父のようなふるまいをせず、あなたの姑があなたの家庭に干渉せず、あなたの義父があなたを妻と同じように粗略に扱わなければ、つまりあなたを「うちの嫁」扱いせず、「息子の妻」と見てくれているかぎり、その夫がどんなに問題のある家庭の出身であれ、よしとしなければなりません。DV家庭で育った息子や、親が多重債務を抱えた息子もいます。親の悪癖や不始末は息子の責任ではありません。それと同様に、親の夫婦関係に子どもが責任をとることも不可能です。この夫婦がもしあなた自身の両親だとしても、あなたにはどうしようもないでしょう?

問題が深刻になりそうなのは孫のしつけをめぐる齟齬《そご》と、義父母の介護をめぐる葛藤《かっとう》です。子どもの教育には親の人生観が関わりますから、それに納得できない関与をしてくるようならきっぱりNOを言いましょう。子どもたちは大人をよく見ていますから「おじいちゃんのようにならないでね」と言えばわかってくれるでしょう。

介護には、好き嫌いがはっきり出ます。嫌いな相手にはたとえ家族であってもカラダに触れることもできないものです。「お義母さんのお世話はしてもいいけど、お義父さんのお世話はごめんですからね」と宣言しておき、もし義父が妻に先立たれたら、施設に入ってもらいましょう。たぶんあなたの夫も父親を嫌っているでしょうから、同意してくれるでしょう。

親の人生に子どもは責任をとれません。他人の夫婦関係はどこまでいっても他人事《ひとごと》。冷たいようですが、距離を置いて付き合い、反面教師にして幸せな家庭を築いてくださいね。それにしても、こんなに愛されない男性の孤独な老後を想像すると、自業自得とはいえ、ちとかわいそうですね。

20 困った上司のエロ画像趣味

相談者　会社員　40代

会社の上司の変な趣味に困っています。彼は50代で結婚もしていますが、エロ画像が大好きなのです。しかも、熟女の盗撮ものや無修整もの。

自宅でなら構いませんが、会社で見ているのです。自席にパソコンがあるのに、わざわざ別室に入って仕事をしているふりをしながら見ていますが、外から丸見えです。私たちに見せつけるわけではありませんが、こっそり見ていることは社員全員が知っています。みんなが残業して頑張っているときでも、取引先との電話の最中にも、見ていることもあるようです。

それを知った私たち社員は、やる気がなくなっています。つい最近知らされた私は大変ショックを受けました。それなりに尊敬もしていたので、会社に行く気もなくなるくらいのショックでした。みんな安い給料で頑張ってきたのにと、もう、軽蔑《けいべつ》の気持ちしかありません。

本当に仕事をしていたとしても、もしかしたら、また見ているのではないかと気になって、仕事に集中できなくなりました。実は彼は、経営者なのです。誰も、やめてくれとは言えません。現場を押さえて「何をしてるんですか!」と叫ぼうかとか、みんなでいろいろ考えましたが、うまく行きません。

どうしたらやめさせられるでしょうか。このまま、知らないふりを続けて、あきらめるしか無いのでしょうか。

回答　変な趣味より会社自体は大丈夫？

仕事は天命でもなければ生きがいでもありません。メシの種です。経営者が無能でも会社が倒産せず、上司があなたや他の部下にセクハラもパワハラもせず、同僚との関係も悪くなく、給料が安くても安定雇用があり、給与の遅配欠配もなく……働きつづけていられるなら、何の問題があるんですか？

まるで給料袋にエロ画像が印刷してあるようなものですね。正確にいうと、あなたの上司のしていることは「環境型セクハラ」と言い、均等法違反です。れっきとした違法行為ですから告発すれば使用者には対応の義務が生じますが、とはいえ、相手が経営者ですから、あなたのほうが居づらくなるかもしれません。

あなたの上司に限らず、たいがいの男はエロ趣味の持ち主です。それを「軽蔑」するなら、ほとんどの男を軽蔑しなければなりません。尊敬できない上司のもとで働く悲哀は、どんな宮仕えにもつきもの。「こっそり」見ているなら当人も悪いとは自覚してるんですね。これがエロ画像でなくて、ホラーものやオカルト映像だったり、殺人現場を集めたスプラッター映像だったりしたら許せますか？

それとも、就業時間中に見ていることが問題なのですか？　それなら会社で見ないようにお願いするか（おうちで見られない事情があるのかもしれません）、あるいは見るときは別室に入ってドアを閉めて見るように要求するか。上司が別室にこもったら、やれやれ、と思えばよいだけです。見たくないものを見ないですむように、ゾーニング（仕切り分け）すればよいでしょう。

とはいえ、問題は別のところにありそうですね。会社の財務状況を点検してみましょう。経営者が働かなくても保《も》つくらい業績がよいのか、それともこんなに無能な経営者のおかげで会社の将来が危ういのか。そちらを見極めるほうがもっと大事です。経営者の働きがないのに給料が安すぎるのなら、それはまた別問題。仕事の不満や労働条件は、上司の「変な趣味」以上に深刻な問題のはずでしょう。

あなたの上司はほんとに「裸の王様」ですね。「みんな知ってますよ」と一言言えば、すむでしょうに。それが言えないほど、職場の風通しが悪いか、経営者が孤立しているのなら、危ないのは会社そのものです。

21 迷惑上司の否定攻撃に疲れた

相談者　研究職　女性　30代

30代の研究職女性。男性上司のパワーハラスメントに悩んでいます。

上司は60代。他社で実績があり、今の職場に引き抜かれました。この研究領域の第一人者で、尊敬もしていますし、恩義も感じています。かつては温厚で部下からも慕われていました。

最近、彼のがんが再発しました。抗がん剤治療を受けたその足で職場に来ます。高度成長もバブルも先導したという自負がある団塊の世代で、仕事をしていないと不安なようです。でも実はいい迷惑です。部下たちに何かと当たり散らすからです。

私に対しては、人格否定から業績の否定、外見の批判までします。私は「力不足」で「優秀じゃない」から「任せられない」と言い、「その化粧は何だ」「その格好は学生みたいだ」などと非難します。私はそれほど悪いのかと混乱し、昨夏は食事がのどを通らず、激やせしました。

先日も彼は若い女性を必要以上に責めて泣かせていました。

彼の妻子は別の土地で、今も単身赴任です。治療がつらいのか、精神的に病んでいるのか。社外には紳士的なのに社内でパワハラは進む一方です。でも私の研究領域は特殊で、転職は不可能。友人は「彼が死ぬのを待つしかない」と言います。引き際をわきまえてほしいですが、どんなふうに対処すればいいでしょうか。

回答　上司のうえにも上司、それが弱み

お察し申しあげます。宮仕えのつらさは自分より無能で横暴な上司に仕えるつらさ。それを「パワハラ」と表現できるようになったことは一歩前進ですが。

この男性上司、だれにも弱音を吐けないかわいそーなオヤジなんでしょうね。自分の不安のはけ口を自分より弱い立場の者に求めるなんて。再発がんで治療をしながら単身赴任とは、妻にも弱音を吐けないばかりか、きっと妻からはとっくに見放されているのでしょう。こういう男性のなかには女性にすりよってくる手合いもいます。そうなればパワハラ転じてセクハラとなるかも。こういうカンちがいオヤジに「キミだけが救いだ」なんてストーカーされなくてよかったですね。いや、どちらがましか、なんて話じゃないんですが。

この職場にいすわるしかないと思えば、困った環境の一部と考えて、省エネ・省コストでスルーするしかありません。馬耳東風、柳に風ってやつですね。あなたのまじめさではそれもむずかしそうです。

こういうイバリたがりのオヤジの泣きどころは、どんな上司にもさらに上司がいること。ですが、注意した方がよいのは、絶対にひとりで抜け駆けしないことと、「こんなひどいめに遭ってるんですぅ」と駆け込み訴えしないこと。被害者面《づら》をするより、敬愛する上司の苦境を部下として見るにたえない、このままでは研究部門の業績にも影響する、とあくまで上司の立場に立ち、会社のためを思って「進言」するスタイルをとることです。「死ぬのを待」たなくても、異動か早期退職など、名誉ある撤退の方法を、上司の上司が考えてくれるでしょう。

もちろん相談窓口や組合に持って行くのもアリですし、パワハラで労災認定も受けられます。が、そのためには被害を証明しなければなりません。たとえ補償が得られても、心身を病むようなら、本末転倒ですね。

もしどの方法も効を奏さなかったら？　残念ですが、あなたの会社に将来性はありません。長期のキャリアプランを考えて、転職の可能性を探った方がよいでしょう。

30代のあなたには選択肢がある。60代の彼の方がきっと追い詰められています。この相談、彼の方から来ればよかったのに。とはいえ、誰にも相談しない、のが死ぬまで治らない「男というビョーキ」なんですけどね。

22 迫る上司に、不快感じない私

相談者　会社員　女性　20代

20代の女性会社員、未婚・彼氏いない歴2年です。以前仕事で一緒になった上司と、2人で夕飯を食べて以来、親しくなりました。30代で既婚、愛妻家で子どもの面倒も良くみる「良い旦那・父親」の一方、仕事もできる人です。

以前から上司は「○○さん（私）みたいな可愛い部下を持つことができて幸せだ」と冗談めかしていたのですが、最近では職場で2人きりのときに「困らせるだけだけど○○さんが好きだよ」などと言います。酔うと女性へのボディタッチが増える人だったのですが、職場で2人きりのときに後ろから抱きつかれるありさまです。

ここまではよくある「都合のいい女」の話だと思うのですが、私が悩むのは、告白されたり触られたりしてもまるで何も感じず、ひとごとのように事態を傍観する自分自身です。

頼まれたら嫌と言えない性格なのと仕事で頼れる上司を失うことを恐れて、明確に拒絶することができません。セクハラに嫌悪感を抱いていれば、断る強い意志を持つことができると思うのですが……。より深刻な事態になれば、断るつもりでいますが、現状に対する自分の能天気さが心配です。無意識のうちに上司に尊敬以上の気持ちを抱いていて、アピールを喜んでいるのでしょうか。悩みが何かわかりにくい相談ですが、一番の問題点は何だと思われますか。

回答　セクハラが増長していきますよ

あなたが経験していることはセクハラです。なぜってあなたは相手からの好意の告白やボディタッチを少しも喜んでいないからです。セクシュアル・ハラスメントの定義は、「本人がのぞまない性的アプローチ」。同じ愛の告白でも、好きな人ならうれしく、そうでない人からなら迷惑なだけ。「何も感じない」のはうれしくない証拠。「無意識」なんぞ、信じないことです。

反対にあなたはご自分の状況をクールにとらえておられます。「イヤと言えない性格」「頼れる上司を失う恐れ」からノーが言えないと。これこそセクハラの典型的状況です。セクハラ加害者は、自分の職業上の地位を濫用《らんよう》して、「ノーが言えない」相手を選んでアプローチすることをご存じですか？　横山ノック元大阪府知事のセクハラ事件のとき、曽野綾子さんが新聞のコラムで、その場で騒ぎ立てなかったのに、「後から裁判を起こしたりするのは女性の甘え」と書いておられましたが、これこそセクハラに無知な証拠。セクハラとは、「ノー」を言わない、言えない相手と状況を選んで発生することは、よーくわかっています。

あなたの「一番の問題」は、イヤなことをイヤと感じられない、反対にうれしいこともうれしいと感じられない、感覚遮断ですね。自分の身の上に起きていることを、他人ごとのように傍観する。しかも好き嫌いの告白やボディタッチのような踏みこんだ経験まで、うれしいのかうれしくないのか、わからない……これは「能天気さ」なんかではありません。冷静さとも違います。

たぶんこれまで他の環境においても、あなたは自分の身の上に起きることを他人ごとのようにやりすごす術《すべ》を身につけてきたのじゃないでしょうか。おそらく何か耐えがたい状況があってそれを生きのびるための知恵だったのかもしれません。哀《かな》しいことに、人は抑圧されればされるほどその抑圧に耐えるようになるという、逆境にすら適応する生きものです。それに男というものが状況を自分につごうよく解釈する特技を持っていることは覚えておいてください。

このままだとあなたは、ますますエスカレートする上司のアプローチに、何も感じないまま、どんどん応じていくことになりますよ。

あなたに一番必要なことは、喜怒哀楽の生き生きした感情を取り戻すこと。

それにはどうしたらいいんでしょうねえ。根は深そうです。

23 ジェンダーを学んだから？

相談者　会社員　女性　30代

30代女性、大卒でいわゆる大手企業に就職し、社会人経験はもうすぐ10年です。私は大学時代にジェンダー論を専攻したので、日本企業の中で女性がどう扱われているかは、ある程度わかっているつもりでいました。

しかし、当たり前のように女性はお茶くみ、補助的作業、管理職研修の案内が来ない、管理職が一人もいないという状況で大企業ですらこんな状況だなんて、と落胆しました。もっとがっかりしたのは、そこで働くほかの女性たちがそういった状況に甘んじていることです。

一般的に見れば、大企業で福利厚生もよく、残業もなく休みも取れて、結婚・出産後も、あまり重大な責任もないのに正社員で働き続けられるのは大変恵まれた環境です。だから、女性たちはしたたかに、会社が求めている「女性社員の役割」をこなしているのだと思います。

私はどうしてもそんな「恵まれた環境」に漬かりきることができません。ジェンダーについて学んだから、ささいな男女差別に過敏に反応し、ジェンダーについて知らなければ、もっと素直に現在の状況を受け入れて、苦しまなくても済んだのではないかと思います。ジェンダーの勉強は自分にとって必要だったのか、と悩み、自分の中の呪縛から気持ちを切り替えなければと思っています。

よい発想の転換方法があればご教示をあおぎたく存じます。

回答　「恵まれた環境」捨てられますか？

30代、社会人おっと会社人経験10年ですか。煮詰まってクサる頃ですねえ。

ジェンダー論をきちんと勉強なさったのなら、日本の大企業を選んだのはまちがいでしたね。すでにいろいろな実証研究から、企業規模と性差別とが相関していることはよく知られています。「大企業ですら」女性管理職がいない、のではなく「大企業だから」女性管理職がいない、のはデータからもはっきりしています。勉強が足りませんでしたね。就職前にちゃんと調べましたか？　どんな女性がどんな働き方をしているか？　女性のロールモデルはいるか？　先輩を頼って、ちょっと調べればすぐにわかることです。給与より、会社のブランドより、福利厚生より、そちらのほうが大切な情報かもしれないのに、あなたはきっと会社の名前と安定を選んだのでしょう。就活時の戦略ミスでした、ところまでは過去の話です。

さあて。これからどうしましょうかねえ。キャリア・コンサルタントの気分で考えてみましょう。「ささいな男女差別に敏感に反応する」のはあなたが「ジェンダーを学んだから」ではありません。あなたのなかに、理不尽な差別を許さない矜持《きょうじ》があるからです。それならその矜持を折らなければ居られない環境を思い切って変える……つまり転職も選択肢です。男女平等に死ぬほど働かせてくれるベンチャー企業や外資系に行くか。給与は下がり、福利厚生は悪化し、労働は強化されるでしょうが、仕事の手ごたえはあるでしょう。とはいえ今の会社で10年働いたどんな実績をひっさげて、中途採用の就職活動ができますか?

「腐ったりんごはひと嚙《か》みでわかる」と言いますが、今の会社の状況に、あなたはとっくに気がついていたはず。転職の機会はあっても、それをトライした形跡のないあなたは、きっと決断を先延ばししてきたんでしょうね。

30代、これから家庭をつくるのか、おひとりさまで生きるのか、選択を迫られる年齢です。仕事命、で生きるのでなければ今のあなたの環境はたしかに「恵まれた」もの。それがいやならもっとリスクの多い人生を選ぶのも手ですが、その能力と意欲はありますか？　会社に評価を求める代わりに、NPOや地域活動に活路を見出すのも手です。「発想の転換」を求めておられるあなたは、気持ちを切り換えて会社を辞めないで、会社に期待しないことですね。

それにしてもこうやってやる気のある女性社員をクサらせる日本企業って、ほんとうに人材のムダ使いをしてるんですねえ。

24 介護現場で悩んでいます

相談者　女性　20代

20代の女性です。

2年前、ヘルパー2級講座を受け、勉強をし、実習でも「介護」について学びました。

でも、実習先はひどいもので、現場は時間に追われ、職員同士はイライラし、笑顔なんてある場所ではありません。講習では「思いやり」という言葉が何度も何度も出てきました。現場は「適当」そのものです。

食事でも主食、おかず、食後の薬まで一緒にまぜて急いで食べさせる。こんなことを自分ができるのかと思うと、私には無理です。それでも最近の仕事の募集は「介護職」ばかりです。

思い切って、私はそんな対応はしないと思い、2カ月前から派遣として仕事に就きました。私が入ると、今までいた職員が次々と辞め、1人でお風呂、1人で10名ワンフロアをこなし、1人でおでかけも。

こんな、いつお年寄りが転倒してもおかしくない状態に置かれていては「思いやり」の気持ちを持つことはできません。会社側は派遣終了後、直接雇用を薦めてきます。ですが、私はこんな危険な体制では不安です、と強く訴えましたが、人を集めるようがんばっていますという言葉のみ。

私にはブランク（2年）もあり、経験もないので、利用者にケガでもされてしまうのではないか、と怖い思いです。

このまま続けることが怖い私は、辞めずに「適当」にこなしていけばいいのでしょうか。

回答　自分の働きやすさを優先して

うーむ。多くの介護現場があなたのおっしゃるとおりの現状であることは承知しています。お年寄りの人格を無視した流れ作業、声を掛けてあげたくてもその余裕さえない職場、不安に立ちすくむ、ひとりっきりの夜勤。都内の某高齢者施設でワン・フロア25人の重度のお年寄りを、若い職員がたったひとりで見る夜勤シフトを聞いて、わたしなら足がすくむだろうと思ったものです。

だからこそせっかく志を抱いて資格を得たのに、現場でバーンアウトする介護職員が絶えず、離職率が低下しないのでしょう。この不況のさなかでも介護労働市場にかぎっては有効求人倍率がつねに1・0以上。募集が求職者より多い現場では、使える人材は常勤職員として採用したいという施設側の事情もわかりますし、あなたがそれに腰がひける思いをしていることもよくわかります。

　こんな綱渡りのような勤務を続ければ介護事故が起きるかもしれません。常勤だろうが、派遣だろうが、職場の責任は同じ。実際に事故が起きたら、管理者だけでなくあなた自身の責任も問われます。このまま「適当」に続ければ感覚の麻痺《まひ》と思考停止に陥るか、バーンアウトするか。そのうち、今の気持ちを忘れて、あなた自身がお年寄りへの加害者になっているかもしれません。

　派遣という立場を生かして、いくつもの職場にお試し雇用を経験なさってはいかが？　そのうちどの職場がよいか、何がどう問題か、がわかってきます。評判のよい施設には自分から飛びこんでみましょう。そのうえで、信頼できる（ここなら親を預けてもよいと思えるかどうかが、ポイントです）職場を選びましょう。

　ほんとうは働く人も利用者も「選択の自由」を持っているはず。良貨が悪貨を駆逐するのが市場の法則なのに、他に行き場がないばっかりに悪質な事業者がはびこっています。施設には適正な競争をしていただいて、劣悪な施設や事業者が淘汰《とうた》されていけばよいのですけれど。施設が高齢者のためのものではなく、「年寄りを家に帰してほしくない」家族のためのサービスになっていることが大問題なのですが。だからといって、介護事業の問題だらけの現実にあなたが責任を負う必要はありません。自分の働きやすさを第一に優先しましょう。介護の仕事に志したあなたのような人材を、またひとり失いたくはありませんから。

第4章　母が嫌いでもいいですか

25 母が嫌いです

相談者　主婦　30代

30代の主婦です。

結婚して自分が母となり、私は実母が嫌いなのだ、という思いが決定的になりました。

幼少期、母は絶対的な存在で、成長するにつれ不信感が募ってきましたが、不自由なく育ててもらったので、長く我慢してきました。しかし今は価値観も違い、人格的に受け入れ難い母との付き合いが苦痛です。

父が亡くなり、母が私の家庭への干渉を強めたので連絡が途絶えがちになりましたが、母はそれが我慢ならず、私を非難します。母は一人暮らしですが、父の遺産を相続し、健康で裕福な暮らしをしています。

母は、どれほど気に入らない人間でも、身内なら情を持って接するのが当然だ、と言います。母自身がどんなにひどいことをしても、それを受容しない娘の私が悪いと言い、私が母に気持ちを踏みにじられた過去のことを伝えても、自分は悪くないの一点張りです。

今さら母を変えることは無理ですし、自分が変わって親孝行したいとも思えません。

母より自分の家庭が大切です。私への母の執着を断ち切るにはどうすればよいでしょうか。それとも、母が常々私に言うのですが、このように「利用価値のなくなった」親を「捨てる」ようなことは許されないのでしょうか。娘の私は我慢し、母の心のよりどころとならなくてはいけないのでしょうか。

回答 自責の感情から自由になって

お母さんが嫌いなんですね。

よく「あなたも母になったらありがたみがわかるわよ」なんて言うものですが、結婚して母になっても嫌いな気持ちに変わりないなら、あなたの母嫌いはホンモノです。

だいじょうぶです。自分を産み育ててくれた実の母親を嫌いな娘はたくさんいます。有名人では佐野洋子さんや中山千夏さん。佐野さんは母を好きだったことが一度もないと告白しますし、中山さんは母に会いたいと思ったことは一度もない、と言います。母を嫌いだと公然と口にする正直な娘たちのおかげで、母を嫌いでもいいんだ、と思えるようになりました。

思えば親子ってほんとに不思議な関係ですねえ。親を選んで生まれてくるわけにいかないし、親のほうでもこんな子どものはずじゃなかった、と言いたい気持ちはやまやまでしょうし。相性のよい親子がいれば、他方に相性が悪い親子がいても当然。親子でなければお付き合いはごめん、という相手もいることでしょう。

それに親と子の関係は非対称なもの。親は子どもの人生に責任がありますが、子どもは親の人生に責任がありません。親の責任と言っても成人するまでのこと。子どもの方が育ててくれたひととお友だちになれるかどうかは、大人になった後で判断すればよいことです。

どうしても好きになれない母親をむりやり好きになることはありません。問題はそういう娘が母を愛せない自責の感情から自由になれないこと。だとしたらあなたに苦しみを与えているのは「母親の執着」ではなく、あなた自身の「母の要求に応えたいと思うよい子意識」のようですね。

幸いお母さんは「健康で裕福な暮らし」をしていらっしゃるとのこと。要介護になるまでは手も足も出す必要はありません。いざそうなったら「心のよりどころ」になんてならなくてよいから、「介護のマネジメント」だけに責任を果たせばよいのです。そのくらいは遺産を受け継ぐ立場の者として、引き受けてもよいでしょう。それなら顔を合わせなくても遠隔操作で可能です。愛がなくてもＯＫ、性格が悪いけど困っている隣のおばさん、ぐらいに考えて、親切する気持ちで十分。煮詰まらなくてすむ風通しのよい親子関係のために、介護保険を活用しましょう。

26 虐待の記憶を忘れられません

相談者　女性　20代

20代半ばの女性です。

両親からの精神的な虐待を受けてきました。物心のつく前の7歳ごろ、「サンタクロースなんて居るわけねえだろ。馬鹿じゃねえのか」と言われたのが一番古い記憶です。

弟と妹は可愛がられ、問題を起こしても両親はきちんと対応していました。私が同じことをしたら殺されるのではと思い、まじめに生きてきました。

高校卒業後すぐに就職し、生活費も渡していました。普通の同世代よりも経済的負担はかけていないはずですが、「月に○万円しか渡さないやつが口答えするな」「お前の顔を見てるとムカつく」など数え切れないほど暴言を浴びせられました。

家が狭くて両親と私と妹が同じ部屋で就寝していました。その状況で両親はセックスをしていて、眠りにつくのが大変でした。非常識な両親を心の底から軽蔑し、大嫌いです。

今は私は結婚して完全に交流を絶っています。ですが、怨《うら》みは消えません。夢に見て嫌な気分になったりうなされたり、呪縛から逃れられません。

どうしたらこの記憶から解放されるのでしょうか。一番心配なのは虐待は繰り返すということです。私の娘はまだ8カ月で可愛いですが、いつか自分も親と同じように子どもを虐待してしまわないかと不安です。家族関係に詳しい上野先生にお答え頂けたらうれしいです。

回答　その経験をあなたの「宝もの」にして

ご相談を読みながら、はらはらしました。あなたがたった今、虐待を受けていて、しかもそれから脱《ぬ》けだせない状態なら、なんて言ってあげたらいいんだろう……と思ったからです。虐待は過去の経験なんですね。あなたはもう親の家を脱けだし、愛する夫も子どもも得たんですね。これまでの人生も、親との関係を断ち切るのも、さぞや大変だったことでしょうが、とりあえずはおめでとう、よくやりましたね。

で、今のお悩みは？　怨《うら》みが消えない？　はい、怨みは一生消えません。忘れなさい、とアドバイスしても無理でしょう。怨みを晴らしたい当の相手は親？　もう顔も見たくないんですよね。

それに過去の経験から、虐待した親の方は自覚がなく、子どもがどんなに責めても反省などしないことがわかっています。親と対決するのはムダなうえに、さらに傷つくだけだからやめましょう。それなら怨みをこれでもかこれでもかと口にして、誰かに聞いてもらいましょう。決してあなたを否定せず、安心できる相手に。できれば同じような虐待経験のある女性たちの自助グループがいいでしょう。そのうち「うちの親が」と言うだけで、あああれね、と体験の共有ができる頃、あなたは虐待の経験を話すことにゲップが出ているはずです。フロイトはこれを徹底操作と呼びました。つらい経験からは、逃げる代わりに徹底して向きあってそこを通り過ぎるしかない、と。

もうひとつのお悩みは、自分が子どもを虐待してしまわないかという不安。よく言われる虐待の世代連鎖を心配しておられるんですね。自分が虐待するんじゃないかと自覚したときに、すでにあなたの中に歯止めがかかっています。虐待親は虐待を自覚していないもの。どんな親でも潜在的な虐待者ですが、自覚するたびにストップをかけることができさえすればＯＫ。いちばんかんたんな方法は、長時間子どもとふたりっきりにならないことです。第三者がいたら子育ては煮詰まらずにすみます。

自分が虐待するんじゃないかと自覚し怖《おそ》れているあなたはすばらしい想像力の持ち主。そう思えるのはあなたに被虐待経験があるから。そうなれば虐待を受けた経験はあなたの宝ものになるでしょう。ちょうど貝が傷を抱いて、そこから美しい真珠が育つように。過去を抱きしめて労《ねぎら》って、子どもさんを愛してあげてくださいね。

27 病床の父をののしる私

相談者　看護師　50代

50代の看護師です。

実父のことで相談します。現在要介護度4。医療機関で手厚い看護を受けています。発語もなく、面会ではどこか不思議そうな表情を見せます。

私は一人娘で、結婚28年になる夫は私の姓を名乗り、私の父と同居してきました。2人の子どもにも恵まれましたが、いつからか夫と父の間にいさかいが増え、私たち夫婦は食事まで父とは別に2階でとるようになりました。親子げんかがずっと絶えませんでした。

あるとき、私に乳がんが見つかり、隣県の大学病院に入院、手術して放射線やホルモン療法を受けました。父はただの一度も見舞いに来ず、病院から家に外泊したときも何のねぎらいの言葉もありませんでした。

昨年夏、父が脳梗塞《こうそく》で倒れ、救急車で私が勤める病院に入院しました。私は仕事の合間を見て看護しましたが、病状が悪化するにつれ、精神的、身体的に限界を感じ、父の耳元で「私が病気で苦しんでいたときに、なんであなたは一言も言葉をかけてくれなかったんだ。一生許さない」とささやき続けました。

実父に対し、これほどまで憎む自分を情けなく思い、父の死期が迫ったときに何と声をかけたらいいかと考えると涙がとまりません。育ててくれた父親に対して、感謝以上に憎しみが充満している私に、どうか解決策をお願いします。

回答　感情の帳尻を無理に合わせないで

あなたは何をお望みなのでしょうか？　父から謝罪や感謝をされること？　父から愛されること？　父に復讐《ふくしゅう》すること？　父を許すこと？

あなたが乳がんになったときに見舞いもせず心配もしなかった父。あなたはそれを恨んでいるようですが、たぶんそれだけでなく、生まれてこの方、そして結婚以来28年のあいだに、言うに言われぬがまんを重ねてきたのでしょうね。

あなたは「自己チュー」の父を許せない、と思っており、そして父を許せない自分を許せない、と責めておられるのでしょうね。

いいんですよ、親を憎んだり、恨んだりしても。50代になるまで苦労して生きてこられたあなたには、ここには書いてないけれども、父を憎むだけの十分な理由がおありなのでしょう。要介護の父に手厚い医療と看護を手配しておられるだけでも、子としてのつとめは果たしておられます。

脳梗塞でも聴覚はあるとか。あなたが「一生許さない」と耳元でくりかえしたささやきは父の耳にきっと届いています。あなたはもうリベンジを果たしました。きっとそういうふうに「許せない」自分も許せない、のでしょうね。なんといじらしく、けなげな娘さんだこと。

親の死に直面しても泣けない娘や息子はたくさんいます。親子関係は圧倒的に非対称なものです。親は自分が子どもにしたことをほとんど覚えていません。親に謝罪や感謝を求めてもムダ。愛も憎しみも、自分の心の中の帳尻合わせです。そして感情の帳尻というものは、合わないもの、と思ってください。

帳尻の合わない自分の感情を否定せずに、それと向きあってください。そして同じような思いを自分の子どもには味わわせないようにつとめてください。どんなに困った父でも、旅立ちを見送る作業を、家族、とりわけ夫とともに背負い、共にのりこえた苦労の記憶と、心からの解放感を分かち合いましょう。そしてお互いによくやったね、とねぎらいましょう。この父のもとで、28年間、別れずにきた同志なのですから。

そのうちゆっくりと感情の帳尻が合ってくることもあるでしょう。父をかわいそうなひと、と思うこともできるでしょう。そうやってひとはおとなになっていきます。その大切な過程を、夫や子どもたちと共有してください。その過程こそが子どもたちへの贈り物になるでしょうから。

28 母から逃れたいです

相談者　高校1年生　女子　15歳

15歳の高校1年生女子です。

自分の希望を押し付ける母親がうっとうしくて、仕方がありません。何か賞を取らせておけば後に良いことがあるとでも思っていたのか、小学生のときから硬筆や書き初め、作文や絵画コンクール、科学展など、ほとんどが親の案で賞をもらってきました。

自分が子どものときにもらったことがないからと母は喜び、私もうれしく思っていましたが、あるとき、自分が、それまでほとんど母親の意向に従って動いていたことに気が付きました。

優等生ではないため、もちろん迷惑も散々掛けていますが、母が私を自分の思い通りにさせようとすることには我慢できません。

私は現在、公立の中堅女子高校に通っていますが、母が志望校を2校に絞ったため、他方に落ちてここに決まりました。

高校からは自分で決めて行動しようと決意したものの、大学では母はAO入試を目指させたいらしく、勝手にいくつかの国立大に絞り、有利になるよう賞を取らせようと画策しています。自分が国立に落ちたのを子どもで取り返したい気持ちもわかりますが、そんな母の姿を見ていると、強く反発できない自分に怒りがこみ上げてきます。

母の機嫌を損ねずに、自分の意思をはっきり伝えるには、どうすればよいのでしょうか。

上野千鶴子先生に助言をいただきたいです。

回答　あなたが母親を導いてあげれば

以前、こんなことがありました。女子学生が身の上相談にわたしの研究室を訪れました。彼女は寮生活をしていましたが、門限を守らない仲間や掃除をしない寮生たちにくどくどとお説教をし、周囲からいやがられているんだそうです。だらしない友人が許せないと思う気持ちや、相手を責める口調が、自分の母親そっくりで、「自分が母親のロボットじゃないかと感じる」と、わたしに訴えました。

とっても健全な反応です。そう、母親が乗り移っている彼女はお母さんのロボットです。自分をそう感じる時点で、彼女はすでに母親の呪縛から一歩を踏み出しています。

あなたは母親のロボットでもなければ代理人でもありません。あなたはあなたです。そう言ったとたんに、娘を分身だと思っている母親は「裏切られた」とショックを受けるでしょう。はい、「母の機嫌を損ねずに」母親から離脱するなんてことはできません。できるのはソフトランディングを選ぶかハードランディングを選ぶかの違いだけ。ある日ぶっちぎりで母を傷つけ、半狂乱になった母親に「親でも子でもない」と言わせるようなハードランディングを避けることはできます。そのためには、がまんの限りをぎりぎりまで重ねないことですね。

まず母親に秘密をつくりましょう。それだけで母親に対してあなたは気持ちのうえで優位に立てます。小さなことから母親の意向に背き、娘は思うようにならないことを学習してもらいましょう。母親の意向と自分の意向とが食いちがったら、「お母さん、それはあなたのしたいことで、わたしのしたいことじゃない」とはっきり伝えましょう。でないと学校選びだけでなく、そのうちあなたの就職先選び、果ては配偶者選びにも干渉してきますよ。

あなたが親バナレをしなくてはならないように、母親にも子離れをしてもらわなければなりません。あなたが自己主張をすれば家庭はざわつき、母親は嘆き、母娘関係はぎくしゃくするでしょう。でもそれを怖《おそ》れてはいけません。「よい子仮面」をかぶっていると、今度はあなたに将来ツケが回ってきます。母親を恨み、呪い、許せない、と思うようになりますよ。

将来、母と娘としてよい関係を結ぶために、娘のほうが母親を導いてあげなくてはならないとはごくろうさまなことですが、15歳でこんな質問をするあなたは、あなたの母親よりも十分におとなです。

29 母が宗教にはまっています

相談者　学生　20歳

20歳の学生です。

母が数年前から奇妙な本を買ったり、セミナーに出かけたりして宗教にはまっています。私や兄が問い詰めても「はまっていない」と怒ります。

○○の法則や地球の未来がどうなど宗教で得た知識の話をするので、私は話を反らしてやりすごしていますが、たまに話を聞かないことを怒ります。

去年、家族共有のパソコンを買ってから更にエスカレートし、専業主婦の母は今ではほぼ一日中宗教サイトを見ています。不思議なサイトの履歴が大量に残っていました。

サイトにアクセスできないようにしたら、母は尋常じゃない怒り方をしました。

宗教がなければとても良い母なんですが、パソコンをいじる母の背中を見て、いなくなればいいのにと本気で思うこともあります。

兄は母の姿が嫌いで、就職と同時に一人暮らしを始め、平日は仕事で忙しい父は土日はゴルフに出かけ、母と関わっていません。見て見ぬフリをしており、諦めているようです。

私は働き出したら家を出ようかと考えていますが、母を1人にしたらもっとはまってしまうだろうし、私が見捨てたらどうなるんだろうと不安になります。

今は相談できる人がいません。パソコンを壊し、宗教の本を全部燃やしてやろうと何度も思いました。どうしたら母が宗教を辞めてくれるでしょうか。

回答 周囲への強制ないなら放っておけば

お母さんがはまっているのが、宗教ではなく韓流だったら、許せますか？　アイドルグループの追っかけならどうでしょう？　「宗教にはまる」とどんな困ったことがありますか？　わけのわからないことを言う……とっくに家族のコミュニケーションは断絶してるんですから、今さら嘆くことはないでしょう。外へ出歩く……家にじっといられるよりまし。奇妙な本やグッズが増える……ゲームのカードやフィギュアが増えるのと同じ。一日中パソコンで宗教サイトをのぞいている……出会い系サイトをのぞいているよりいいでしょう。サイトにアクセスできないようにしたですって？　そりゃ怒りますよ。アダルトサイトにアクセス制限される子ども扱いされたようなもの。宗教は趣味の一種と考えて、お母さんがあなたの理解も共感もできない趣味にはまっている、と思って、放っておけばよいでしょう。

「はまる」のがビョーキになるのは、周囲の人間関係や日常生活に支障を来すようになってから。宗教を周囲に強制するようになったらきっぱり断りましょう。おカネをとめどなく注《つ》ぎこむようになったら要注意です。どんな趣味にも限度というものがあるもの。小遣いの範囲なら使ってよいけれど、それ以上はやめてもらいましょう。おカネが自由にならなくなってサラ金に手を出したら……赤信号です。

はまるのが宗教だからって、とりわけ悪質というわけでも、上等というわけでもありません。家族としてはもう少し外聞のよい、無難な対象にはまってくれれば、と願うでしょうが、とりあえずお母さんがはまったのが、アルコールでもサラ金でもなかったことに安堵《あんど》しましょう。

お母さんが宗教にはまるのは、何か満たされないものがあるから。だからといってあなたや他の家族がそれを満たしてあげることはできません。とっくにそんな関係は破綻《はたん》しているようですから。それよりあなたはお母さんといるのがイヤなんですね？　それを率直に認めて家を出ましょう。見たくない相手を見なくてすむには距離を置くのがいちばん。母の人生にあなたが責任を持つ必要はありませんし、母の人生をあなたが変えられると思うのも無理。お母さんの問題にはお母さん自身が向きあうしかありません。問題がありそうなあなたのお母さんが、ご自分から「悩みのるつぼ」に相談を送ってくださるのを待ちましょうね。

30　お母さんと体を交換したい

相談者　学生　18歳

18歳の学生です。悩みといえるかわからないのですが、お聞きしたいのは他人と体を交換する方法です。性格や記憶はそのまま、体だけを換えたいです。交換したい相手は母親です。

私の母は50手前ですが、若くてバイタリティーあふれる人です。仕事をたくさんして、買い物して旅行へ行くのが好きです。毎日化粧をして、服の組み合わせを考えて、大好きなたくさんの靴の中からお気に入りを選びます。娘の私が言うのもなんですが、周りの同世代の人より若くてきれいです。私とは比べようがないほど美しい人です。

母は今大学に通い、自分の娘と同世代の人と一緒に学んでいます。平日は朝から夜まで勉強詰めで、休日は祖母の介護に行きます。テスト週間になると本当に休みがありません。でも、母は途中で投げだしたりしません。私は母を尊敬します。

そんな母を応援したいと思い、体を渡すのはどうかと考えました。私は才能も根性もない落ちこぼれですが、若さだけはあります。体力と長いかもしれない未来ならあります。自分よりも、周りから必要とされている母が長く生きる方が価値があると思うのです。

存在自体が邪魔な私を守ってくれる母に何もできない自分が嫌で嫌で仕方ないのですが、体を渡すことが可能ならば、生まれて初めて母の役に立てる気がするのです。

回答

お母さんの反応を見てみたら？

あなたの望みがかなったら、お母さんにカラダをあげた後のあなたはどうなるんでしょうねえ。この世からいなくなるんですか？　それとも50歳のカラダになるの？

若さをもらったお母さんがほんとうにうれしいかどうか、よく考えてください。娘に先立たれたら気が狂うように嘆くでしょうし、年齢の逆転した娘が自分より先立つだろうことを想像するだけで、やっぱり悲しむでしょう。

きっとあなたはそう思えないのでしょうね。「存在自体が邪魔な私」とありますが、誰にとって邪魔なのでしょうか？　お母さんがあなたを邪魔にしているの？　それとももしかしたら、あなた自身がお母さんの美しさを手に入れたいの？　そして若さごと気に入らないカラダをあげて、あなたのつらさを味わってもらいたいの？

　あなたは、お母さんからほんとうに愛されたっていう気分がないのじゃないかしら。「愛する」ってあなたを大事にしたい、尊重したい、幸せになってもらいたい、って思うこと。お母さんがあなたを愛していたら、あなたの思いつきを喜ぶはずがない、という確信があなたに持てないのでしょう。もしかしたら自分の存在を母が邪魔に思っているのではないかという疑いが、払拭《ふっしょく》しきれないのでしょうね。

　生き生きとして有能で美しい母と比べて、あなたは劣等感を持っている。たぶん今のお母さんは自分のことでせいいっぱいであなたに目を配る余裕もないことでしょう。そのお母さんに、あなたはわたしを見て、わたしをかまって、とサインを送りたいのでしょうね。

　この奇想天外な思いつきをお母さんに言ってごらんなさい。そして反応を見てごらん。一笑に付してあなたには自分より生きてもらいたいし、あなたにはあなたのいいところがあるのよ、と言ってくれるかどうか。そんなに哀《かな》しいことを考えていたの、知らなかったわ、と抱きしめて泣いてくれるかどうか。とりあってくれないなら……お母さんに愛されようと思うのをやめることです。もうあなたはこういう相談をひとりで出せるほどおとななのだから。だいじょうぶ、もうあなたはお母さんに愛されなくても生きていけます。なぜってこれまでだってお母さんにかまわれずにここまで大きくなってきたのだから。

忙しくてテンパってそうなお母さんの役に立ちたいのなら……家のお手伝いとお祖母《ばあ》ちゃんの介護に手を出しましょうね。

31 「婚活」をなじられます

相談者　女性　52歳

52歳のフルタイムで働く女性です。12年前に離婚し、2人の息子が就職で家を離れたのを機に、3年前から80歳手前の両親と同居しています。

1年前に始めた私の婚活が原因で両親、妹とうまくいかなくなりました。息子たちは応援してくれますが、父と妹が結婚相談所で相手を探すことに大反対です。入会して1年ほどで、両親と同居してもOKという人に2人知り合ったので話したところ、両親とも同居などしたくないと大論争になりました。母はパートナーがほしいという気持ちには理解を示しますが、父は、30年前に大反対を押し切って結婚し、予想通り離婚した私には見る目がないと決めつけ、大反対です。婚活サイトの事件があったこともあり、結婚相談所に来る男はろくでもないと決めつけています。もうすぐ孫ができれば幸せじゃないかと言います。

私は心の支えになる人がほしいし、息子たちに迷惑をかけたくない。母が2カ月ほど前に具合が悪くなったのですが、妹はあんたの婚活のせいだ、となじります。気が強い妹は自分のほうが家庭生活をきちんと営んでいると私を見下します。

夜逃げ同然で離婚し、迷惑をかけたときのことは両親と妹に感謝していますが、私はこれからの人生を前向きに考えたいのです。私が独り身でいればすべてが丸く収まるのでしょうか。

回答　親をうらみ続けないためには

「心の支えがほしくて婚活」ねえ。一読、本末転倒じゃないか、と思ってしまいました。順番から言えば、心の支えになる人と出会ってから、この人とずっと一緒にいたい、なら結婚しようとなるのがふつう、じゃないですかねえ。結婚が心の支えにならないことぐらい、バツイチですでに経験しておられるはずですよね。結婚すればパートナーを得られるもの、と思っておいでのようですが、どんなパートナーかによります。いたほうがよいパートナーもいれば、いないほうがよいパートナーだってあります。

ふしぎなことに、統計によると一度結婚したことのある人のほうが、男女とも性懲《しょうこ》りもなく結婚をくりかえす傾向にあるのに対し、結婚したことのない人はこれから先もずっと結婚しない確率が高いという結果が出ています。結婚に幻想を持っている人はどんな現実に直面してもその幻想、おっと妄想がなくならないということなんでしょうか。

老いた親の関心は子どもの幸福より自分の安心。それは肝に銘じておいてください。ご両親の関心は自分たちの日常の平安が続くことだけ。子育てを終えた娘が介護要員として控えているというのに、そこにノイズが登場するのをいやがるのは当然でしょう。

息子を育て上げたあなたは、ようやく自分の幸福を考えてもよいと思えるようになったんですね。あなたが幸福になりたいと思うなら、親に相談するのはやめましょう。その前に、たとえ高齢だろうが、親の家を出るのが先です。フルタイムで働いているなら、誰にも頼らず自活することもできるでしょう。出るなら親がまだ健康なうち、です。

そのうえで婚活するも自由、恋愛するも自由、恋愛に失敗するのも自由。それがおとなの自由というものです。もう誰にも迷惑かけずに好きなパートナーが選べます。婚活より、まずあなたが自立することが先です。

え、介護が始まったら、ですって？　別居介護で親の家に通いましょう。妹さんにも応分に手伝っていただきましょう。同居する必要はまったくありません。どんなに非難されても耳を傾けなくてかまいません。親の幸福より自分の幸福が大事。そう。自分のエゴイズムに向きあい、それを肯定するのが生きる覚悟というものです。でないとあなたは、これから始まるかもしれない介護生活のなかで、あのとき自分の幸福の邪魔をしたと、親をうらみ続けることになりますよ。

32 両親を仮設住宅へ戻して

相談者　女性　38歳

38歳の女性です。

東日本大震災で被災し、両親は仮設住宅に住んでいます。そこから徒歩で30分ほどの距離のマンションに、私は1人で住んでいます。

震災当時は両親を引き取るつもりで同居を始めました。しかし、私はもともと父親との衝突が絶えないためにマンションを購入し独立したわけですから、その避難生活もうまくはいきませんでした。同居から2カ月がたち、息が詰まりそうな毎日に限界を感じ始めていたころ、役所から仮設住宅が完成したとの連絡を受け両親はそちらへ移っていきました。

追い出してしまったという自責の念もありましたが、ホッとしたというのが本音でした。かといってそこに愛がないわけではないのです。震災前も時々会う分には良好な関係でいられましたので。

住む家も何もかもなくした両親をもちろん気の毒と思いますし、力になりたいとも思います。そういう気持ちと、2人を私の家に引き取って、面倒をみてあげられなくて申し訳ないという気持ちのはざまで悩んでいるのです。

そこで上野先生のご意見を聞きたいと思いました。

もしかしたら、この回答が私の現状を肯定してくれたり、日々の葛藤をとく救いになったりするのではないかという希望を込め、相談いたします。

回答　元の距離がいいと納得済みでは？

ご指名をいただきました上野です。はい、あなたのご要望は「現状の肯定」と「救い」ですね。あなたの選択は正しいです！　上野の回答はきっとあなたの現状を肯定してくれるでしょう。これこそ身の上相談の正しい使い方、です（笑）。

世の中には、たんなる住宅問題で解決できることがあるものです。もしあなたが離れ付きの豪邸に住んでいたり、アネックス付きの二世帯マンションに住んでいれば、あなたはためらうことなくご両親と共に暮らすことを選べたでしょう。物理的な距離があればうまくいく関係——個室をもらったきょうだい、下宿した息子と親、単身赴任の夫と妻……適度な距離があるからうまくいく関係はたくさんあります。住宅で解決できる問題は住宅で解決しましょう。あなたは同居を選ぶ必要はまったくありません。これで回答は終わりです。

ですが、あなたが自分を責めているのは、被災者で仮設住宅に入った両親の不自由に対して、自分に責任があるんじゃないかと思うからですね。ご両親の被災はお気の毒ですが、これは天災。あなたが原因ではありません。

なんならいっそのこと、あなたのマンションをご両親に提供して、仮設住宅にあなたが移るという選択肢だってあるでしょう。不便に耐える適応力は若い方がありますからね。ご両親の近くにいてあげよう、力になってあげようと思う程度には親孝行なあなたは、それだけで十分。同居だけが親孝行ではありません。

こんなご相談が出るのは、たぶん震災前から親の家を出てひとり暮らしをしている自分は親不孝、と責める気持ちがどこかにあるからですね。それに結婚しないひとり者の娘は、親と同居して当然、という世間の目にもさらされているのでしょう。

それならこれから先も、要介護になった親と同居しない私は親不孝、配偶者に先立たれてひとりになった親をひきとらないのは不孝者、と節目ごとに一生自分を責め続けなければなりませんよ。

あなたはいったん家を出て、距離のある関係の方が親子はうまくいく、と学んだはず。もしかしたら出ていったご両親もホッとしているかもしれませんよ。震災後の同居は非常時で、あくまで一時的と考えましょう。平常に復すればもとの距離がよいことは立証済み。親にも周囲にも納得してもらって、これから先も適度な距離を保ちましょう。

第5章　子離れできない親たち

33 高校生の娘に裏切られました

相談者　主婦　55歳

55歳の主婦です。

「知らない方が平穏だった」という事実が我が身に起こってしまいました。4カ月ほど前に、高校3年生の娘が妊娠し、その後堕胎していたという重大な秘密と裏切りを、娘の知人の母親から知らされたのです。

何とうかつな、そして愚かで情けない母親でしょうか。今日の今日まで、一切何も気づかずにいたのです。1歳年上のボーイフレンドの存在は知っていたのですが。

何より情けなく悲しいのは、ずっと娘が何ひとつ取り乱すことなく、普通に毎日を送ってきたことです。大それた事件を、どのように処理したのか、おくびにも出さない態度に、空恐ろしいものを感じます。罪悪感や自責の念はないのでしょうか。

また母親として何より悲しいのは、娘があちら側の人間、私がもっとも嫌っている、倫理的、道徳的に許されないことを行った側の人間になってしまったということです。

私自身の学歴に対する深いコンプレックスから娘に受験させ、失敗したこと、私と夫が不仲であることなど、さまざまな原因が大きく影響したのかもしれません。

現在の私は、母親としての自責の念と喪失感、そして娘への嫌悪感という気持ちがせめぎ合っています。娘にはまだ問いつめていません。アドバイスをお願いいたします。

回答 「ごめんね」から始めてください

うーむ。この質問、何度読んでも不可思議ですね。あなたの娘さんに対する愛情を感じることができません。

「母親として何より悲しい」のは、まず何よりも「娘にこれほど信頼されていなかったこと」ではないのですか。あなたはそのことにうすうす気づいていながら、それを認めるのがあまりに怖くて、すべての原因を娘に転嫁《てんか》することで娘をますますあちら側に追いやってはいませんか。

高校3年生の少女が望まぬ妊娠をし、それを親にも相談できず、「取り乱すことなく、普通に毎日を送」るために、どれほどの努力をしたことでしょう。娘さんの「おくびにも出さない態度」には、どんなことがあっても母親には知られまい、という固い意志が見て取れます。なぜなら母親が自分を叱責《しっせき》し、非難することがわかっているから。これまでの人生で最大の危機というべき事態に、つらさを分かち合って自分の味方になってくれるという期待がこれっぽっちも持てないから。そしてそういう期待が持てないことがはっきりわかるような親子関係がすでに長期にわたって続いているから。「裏切り」とは信頼があってのもの。あなたのいう「裏切り」は、娘が自分の思うようにならなかったことに対する無念と怒りです。

あなたの質問の文章は、以上のわたしの解釈をすべて裏付けるものばかりです。出だしが象徴的ですね。「知らない方が平穏だった」のなら、娘が援助交際をしようが食べ吐きをしようが、「知らない」まま、娘に「よい子仮面」をかぶっていてほしかったのでしょうか。そして娘さんはその期待どおりにふるまったのでしょう。

娘さんは望まぬ妊娠と中絶で、すでに十分に傷ついています。その娘を「あちら側」に追いやっているのはほかならぬあなたでしょう。

とはいえ、あなたは自分にも非があるかもしれない、とかすかに感じてもいます。自分の支配欲、世間体、夫との不仲など、あなた自身がウソで固めた生活をしていることが、娘にも影響しているのではないかと。最後の問いが救いです。「私の気持ちの持ち方、娘への接し方へのアドバイス」を求めておられるのなら、娘さんを「問いつめて」はいけません。代わりに、「あなたが困っているときに助けてあげられなくてごめんね」というところから始めてください。あなたがこれからでも娘さんとの関係を築きたいと、ほんとうに思うなら。

34 娘についひどい言葉を……

相談者　主婦　40代

上野千鶴子さんにぜひ、うかがいたく思います。

私は40代の主婦で、夫、17歳の娘、13歳の息子の4人家族です。下の子が生まれ、娘が4歳のときに、私の身勝手で虐待をしてしまいました。声を出さずに泣く娘を見て「あー、なんて、なんて、ひどいことをしてしまったのだろう。私は母親失格、人間失格だ」と自分を責め続け、娘に心からわび、もう二度と虐待はしないと娘にも約束し、自分にも誓いました。

ところが最近、娘とケンカすると、娘が「私を虐待したよね、あんなこと、こんなことされたんだよね」と言うのです。

私は「本当にごめんなさい、謝っても許してもらえないと思うけど、本当にごめんなさい」と謝りました。でも、娘の虫の居どころが悪いときなど、何度も私を責めるので、はっきり言ってしまいました。「父さんと母さんは結婚したときから仲が悪くて、離婚しようとしたら、あなたを妊娠していた。だから離婚できず、今でも父さんに奴隷のように扱われ、不幸だ、あんたが生まれなければよかった、あんたが大嫌いだ」と。

以後もう二度と口をききません。夫は私たちのことは知らず、娘は夫の前ではとてもいい子です。今でも私は夫を愛していません。生活のために一緒にいるだけです。これから先、どうしたらいいでしょうか。私はもう娘に謝る気はありません。

回答　何度でも娘さんに謝ってください

哀《かな》しいですねえ、女の人生は。愛してもいない夫と妊娠したばかりに別れられず、一度といわず二度までも妊娠して2児の母になり、大切な娘を虐待し、その娘から憎まれ、それでもそんな生活から逃れられないとは……。いつまでこんな哀しいご相談を受けなければならないのでしょうか。

どうぞ覚えていてください、母親が不本意な生活のなかで苦しんでいるとき、その母親の苦しみを目撃するだけで子どもには虐待にあたる、ということを。あなたは夫からの抑圧をさらに弱い子どもにぶつけることで、弱い者いじめをしてしまったのですね。

わたしは娘さんがかわいそうでなりません。それでなくても子どもは母親の不幸を見て、その不幸の責任が自分にあるのではないか、と思ってしまうけなげな生きものです。それを母親の方から「わたしの不幸はおまえが原因だ」と宣告され、罪もないのに母親から「あんたが生まれなければよかった」と言われてしまうなんて。まだ親の手助けがいる思春期の娘さんです。親から見捨てられた思いで、自分の存在の根拠が崩壊するほどのつらさを味わうでしょう。自傷や自殺に走られたら、一生悔やみきれませんよ。

思春期の娘は母親の仮借《かしゃく》ない批判者です。もうすこしたてば母親の置かれた立場に理解と同情を覚えるようになるでしょうが、今はその過渡期だと思ってください。「もう娘に謝る気はありません」と言いながら、こんな相談をくださるのは、あなたが娘さんに言いすぎたと後悔しておられるからこそ。何度でも娘さんに謝ってあげてください。でも、そのつどきっぱり謝ったら、ぐずぐずとくり返さないことです。そして自分がどうしてこの不幸から逃れられないのかを、誠心誠意娘さんに説明してあげてください。

母の愚痴の聞き役になった娘は早くおとなになることを強いられますが、それでも母を憎むよりは母の盟友となるほうがましでしょう。

ところでこれから先も、夫との不幸な生活を死ぬまで続けるおつもりですか。不幸な母親は子どもを不幸にします。どんなやり方であれ、まずあなたご自身が、不幸であることをやめること。そしてこれこそが、わたしの母が生きているあいだに、わたし自身が彼女に伝えたかったことです。

35 ひとりで育てた3人の子なのに

相談者　主婦　62歳

62歳の主婦です。

倒産寸前の自営業だった夫が50歳で病死。子ども3人をかかえて私は再就職し、必死で生きてきました。食べるだけが精いっぱいだったので大学生、高校生の子どもたちの学費その他を実家の母に頼っていました。

子どもたちには、「祖父母には助けてもらっているのだから時間があれば遊びに行き、ありがとうの気持ちを伝えて」と言ってきました。給料やボーナスが出たら、いつも父母の好物を持って顔を見せに行きました。

本当に良い子に育ったわ、と思っていたのです。3人とも結婚し、独立。私をひとりおいて……。2年前、父母が亡くなり、私はひとり暮らしになりました。

　ところが、私に対しては母の日も誕生日も何もありません。結婚相手の母親とは一緒に旅行しているのに。育て方が間違っていたのでしょうか。どんな思いで育てたのかと情けなくなります。みんな元気で仲良くやっているのだから良しとしようと言い聞かせたり、あんなにしてやったのにと思ったり。「のにがつくと愚痴が出る（相田みつを）」ですが、仲がいい親子を見るとうらやましくなります。

　高血圧、無呼吸症、乳がんと持病は抱えていますが、ヨガ、語学、手芸と趣味もあり、友人もいます。でもどうしようもなく寂しいときがあるのです。穏やかな気持ちで暮らせるための、心の持ち方を教えてください。

回答　親への評価は態度や言葉じゃない

おめでとうございます。親業を立派に卒業なさったのですね。女手ひとつで3人の子どもさんを育て、そのうちひとりもパラサイトにならず、それぞれ結婚し独立なさったとか。それにご自身の両親を見送り、おひとりになり、病気持ちではありながら、多趣味をエンジョイし、お友だちも多い……ひともうらやむ暮らしをしておられるのに、これ以上何がご不満なのですか？　ひとり立ちできないパラサイトの息子や娘をかかえた老いた親が、どれほど心労を味わっているかを知ったら、「うらやましい」なんて言えませんよ。

はあーん、ひとり親でこんなに苦労して子どもを育てたことを、誰かに評価してもらいたいんですね。とりわけ子どもたち自身から。でも親業の評価って、子どもが言葉や態度で感謝を示すことによって得られるものでしょうか。子どもだって父に先立たれた苦労を共に味わっているはず。その子どもたちが立派に育って「元気で仲良く」やっていることが、あなたへの最大の評価でなくてなんでしょう。

子どもさんたちがあなたに気を使わないのは、あなたがひとりで元気で暮らしていることを知っているからです。「義母（娘の夫の母?）」と旅行に行くのは他人だからこそ。気を使わないと維持できない関係だからでしょう。あなたが乳がんのときには子どもたちはどうしましたか。あなたが入院したり要介護になったりしたら、子どもたちは駆けつけてくれるでしょう。誕生日や母の日よりも、そちらの頼りがいの方がずっと大事。誕生日や母の日や旅行は家族であることを確かめあう儀礼のようなもの。あなたの子どもさんたちは、そんな儀礼がなくても、母との絆《きずな》は強いと思っているのかもしれません。

でも子育てを終えた親と成人になった子どもとは、もういちど、お互いに距離を置いて家族の絆を再構築することが必要かも。そのためには儀礼もたまにはあってよい。例えば「先日お母さんの誕生日にケーキを買ってきて、ひとりで祝いました」とかデモンストレーションするのもよいかもしれません。私の母など、誕生日と母の日が近づくと「そろそろね」と必ず注意を喚起する手紙や電話をよこしたものです。ただし、儀礼は水くさい間柄だからこそ必要なもの、と観念してください。

36 子のいない長男夫婦がふびんで

相談者　主婦　50代

50代の主婦です。長男夫婦のことで相談します。

長男夫婦は2人とも、保育士をしています。子どもが人一倍好きで、子どもの心を育てていくことに生きがいを感じているようです。

ただ、残念ながら、まだ自分たちの赤ちゃんが授かりません。年齢的なこともあり、不妊治療を受け、高度な体外受精などに6回ほど挑戦もしましたが、これまでは結果が出ておりません。本当にかわいそうでなりません。

嫁は気だてのいい、芯のしっかりした子です。ダメだったときに、「気力、体力、経済力のすべてを使い果たしてもダメでしたが、折れた心を修復してまたがんばります」と、メールを打ってきました。

私はこれを読んで、涙がとまりませんでした。

世の中は順番通りにはいかないもので、後で結婚した下の息子の夫婦に、先に赤ちゃんが授かりました。私にとっては初孫となります。それはうれしいのですが、長男たちの気持ちを考えるとふびんでならず、この世の不条理を思いながら、本当につらい日々です。

どうにもならない問題なのはわかっています。見守ってあげるしかありません。

こんな立場のときは、いったいどんな気持ちで乗り切っていけばいいのでしょうか。お力をお貸しください。

回答　気持ちは態度に伝わりますよ

こういうご質問、困りますね。これはどなたのお悩み？　ご長男の？　お嫁さんの？　それともあなたご自身の？　誰も他人の悩みを代わって悩んであげることはできません。この質問がご長男夫婦から直接来ればべつですが、代理投稿のようではお答えしようがありません。

まずご長男夫婦のお悩みと、あなた自身のお悩みとを切り分けましょう。お困りなのはあなたご自身なのですね。子どものできない長男の嫁をあなた自身が見ていてつらい、どうふるまってよいかわからない、というお悩み？

ご長男に子どもがいないことを気に病んでいるのはあなたご自身ではありませんか？　子どものいない嫁に、あなた自身が失望していませんか？　もしかせんか？

して子どものいない女は、女として一人前でないと思ってはいませんか？……そういうあなたの視線が、お嫁さんを追い詰めているかもしれません。不妊治療はそれでなくても心身共に負担の重い作業。結果が出ずにそれだけでもつらい思いをしていらっしゃるでしょうに、気にしている姑《しゅうとめ》に「がんばります」と報告してくるお嫁さんて、なんてけなげ。せめてその負担ぐらい減らしてあげませんか。

子どもが好きで保育士を職業に選んだ者同士、たとえ自分の子どもがいなくても、プロとしての誇りを持って生きていく道を選ぶことも可能です。自分の子どもを産むか産まないかは、本人たちの問題であって、たとえ親であっても容喙《ようかい》すべきではありません。

あなたの役割はむしろ、子どもを産まなければというプレッシャーから彼女を解放してあげること。産んでも産まなくてもわたしはOKよ。あなたたちの人生なんだから。子どもを産むばかりが幸せではないわよ、とまずあなたご自身が思えるかどうか、ですね。お世継ぎを期待しているわけじゃあるまいし、子どもがいなければ人生まっくらになるわけでもありません。

気持ちはおのずと態度に出ます。子どものない女はかわいそうと思っているあなたが、お嫁さんのストレス源のひとつだと自覚してください。

昔も今も子は授かりもの。その気になったからと言って計画どおりにできるわけではありません。ひとの生き死にに人為がはたらかないことに、もうすこし世の中のひとびとが謙虚であってくれたなら、と願います。

37 自信喪失した娘が心配です

相談者　主婦　50代

59歳の女性です。娘は大学を卒業した7年前、音楽の勉強を始めたいので新たに音楽関連の大学を受験させてほしいと言い出しました。娘の音楽好きは知っていたので国立ならばということで許可しましたが不合格で、その結果、就職の機会を失い、派遣社員で社会人としてのスタートを切りました。

女子の場合、最初に正社員になれないと、後々正社員になる機会は厳しいらしく、これまで何十回と応募しても書類審査で落とされています。自信を失い劣等感に落ち込み、何をしてもうまくいかず、時々心理カウンセラーへ通ってもいます。

今はアルバイトしながら就職活動を続けていますが、男性と知り合う機会も無いまま、暗い表情をしている娘を見ると、親としてどうすればいいのかわかりません。

娘と私はある頃から折り合いが悪くなり、娘は家を出て下宿しています。でも家賃は払えないため、年金暮らしの我々親が毎月援助しています。援助は仕方ないのかと思いつつの仕送りですが、今後もこうした生活が続けば親も娘も破綻《はたん》します。

今のまま正社員の応募を続けるべきでしょうか。結婚してほしいですが、そんな気分にならないと言うし、自信を喪失した娘を好きになってくれる人が現れるとも思えません。どうすればいいやら、夫も私もなすすべもなく途方にくれております。

回答　娘さんに自分たちの覚悟示して

アラ還ことと還暦前後、わたしと同世代、子育てを卒業してそろそろ自分の老後の準備に入りたい年齢ですね。娘さんが「不良債権」になっては、安心して過ごせないことでしょう。

音楽で身を立てたいなら、大学を卒業してから専門教育を受けるのでは遅すぎます。音楽大学に進学したいと相談を受けたとき、卒業したら進路をどうするのか、万一受験に失敗したらその時はどうするのか、娘さんときちんと話しあいましたか？　それとも趣味の範囲でよいとお考えになったのでしょうか。

その甘い見通しの背後には、もしかして、いずれ結婚するのだから娘の自立など考えなくてよい、というお考えはありませんでしたか。もしこれが息子さんなら、賛成なさいましたか。「結婚してほしい」とおっしゃるのは、親に代わる経済的依存の相手を探してほしい、という意味でしょうか。結婚を「相手から好きになってもらうこと」と考えているかぎりは、結婚などできません。あなたの世代には可能だったかもしれないこの解は、娘さんの世代には、もう成りたちません。

こういうご質問、ほんとうは困っているお嬢さん本人から来るといいんですが。あなたご自身のお悩みは何？　娘の心配から解放されてラクになりたい、ということですか？　それなら子離れが必要なのはあなたのほうです。

娘さんは30歳前後、今からでも決して遅くありません。今は社会年齢は生理年齢の7掛けぐらいですから、ようやく成人したと思ってください。娘さんがすでに家から離れておられるならもっけの幸い。まず仕送りをやめて、自分の経済力に合わせた暮らしをしてもらうことですね。今ならシェアハウスなど、安い共同住宅もあります。娘さんがどんなに貧しい暮らしをしていても、ぐっとがまんすること。おカネを出すときには必ず借用証を書いてもらってください。ただし以上の取り決めは突然一方的に押しつけないこと。娘さんと向きあってきちんと話しあいをし、自分たちの覚悟を示すことですね。そのうえで自分の道を探すのは娘さん自身の課題です。

親業のゴールは、子どもからある日、「もうあなたは要らない」と言ってもらうこと。あなたはそのゴールをめざさなかったのですね。老後の安心のためには子どもの自立がカギです。

38 パソコン漬けの娘が心配です

相談者　男性　40歳

40歳の男性です。中学1年生の長女が、寝る間も惜しんでパソコンに向かっているのが心配です。

娘は近くの公立中学に通っていますが、帰宅後は夕食をはさみ、居間にあるパソコンの前にずっと座っています。

インターネットでアニメの動画を見たり、画面にイラストを描いたり。友だちとのチャットやメールも忙しく、呼びかけても、「ああ」とか「うん」とか生返事をするだけ。「いいかげんにしなさい」としかると、途端に機嫌を悪くして自室にこもります。

部活動も生徒会もこなし、今のところ、成績もいい方です。ただ、家族との会話は少ないし、ほかに何もせずに深夜まで画面に見入っている姿は、異様な感じがします。

パソコンをいじるのが悪いとは思いません。私も中学時代には漫画ばかり読んで親に怒られました。でも、そのほかにもレコードを聴いたり、プラモデルを作ったりと、時間の使い方には多様性があったと思います。もちろん休日には外で遊んだものですが、娘は出無精です。

本やCDを薦めたりしましたが、反応はさっぱり。姉を見ている小学生の息子もパソコンに興味津々で、予備軍となっています。パソコンの虜《とりこ》になった娘に、それ以外の様々な楽しみ方を伝えるにはどうすればいいのでしょう。

回答　思春期のサイン読めない、あなたが問題！

あなたのお悩みがどうして「お悩み」なのか、ちっとも理解できません。

中学1年生の娘さんが、病気にも不登校にもならず、リストカットも食べ吐きもせず、いじめにもあわずいじめる側にも回らず、部活動も生徒会もこなし、チャットやメールを交わすお友だちにも不自由せず、成績もよく、そのうえ、寝る間も惜しんでうちこむパソコンという対象があり、しかも出会い系サイトにはまるでもなく、アニメやイラストなどの創作活動に意欲を持っているなんて……世の親御さんたちから見たら、うらやましいような自慢の娘さん、でしょう。この娘さんの何がご不満なのですか？？？

は、はーん。父親のボクをふりむいてくれない？　オレのいうことを聞かなくなった？　そういうもんです、思春期の娘ってのは。あちらがパパには距離を置きたい、というハッキリしたサインを送っているのだから、そのサインを読めないＫＹ（空気を読めない）のあなたの方が問題です。

なに、「多様な趣味」ですって？　ウェブの世界の拡《ひろ》がりをあなたは知りませんね。あなたの好きだった漫画も音楽もフィギュアも、なにもかもウェブ上にあります。それどころかそれ以上の世界への入り口が。つまり本やＣＤ（ローテクですねえ）など自分の好きなものを娘も好きになってくれない、と嘆いているのですね。娘さんに甘えているのはあなたの方です。はっきり言って、ウザイです。だからあなたは嫌われる。

子どもとの関係は成長の段階で変化します。ついていっていないのは親の方。この時期の親の役割は遠巻きに見守ること。そして助けを求めてきたときにしっかりと手を出すこと。その点ではパソコンが居間にあるのはよいことです。刺激を受けた弟さんも、後生畏《おそ》るべし。

パソコンより楽しいことですって？　パソコンはいくらはまってもしょせんバーチャルな世界。リアルな世界が楽しくなれば、自然とバランスはとれてきます。娘さんには、リアルな世界からの逃避をバーチャルに求める傾向は見られませんから、何のご心配もいりません。え、それともうんとリアルにセックスやドラッグにでもはまってくれる方がよかったですか?「しょせん、オレのムスメ」とわきまえたうえで、それにしちゃ上出来、と娘さんを見守ってあげてください。

39 ズレた会話しかできない長男

相談者　主婦　40代

40代の主婦です。高校3年生の長男のことで悩んでいます。

長男は温厚な性格で気持ちは優しく、一応は地域の進学校に通っています。そんなに低学力でもないのですが「非常にずれた会話」しかできないのです。

例えば「フランスのファーストレディーが美人だ」といった話を家族でしていると、いきなり「一種の浮気だよね」。よくよく聞くと「ファーストレディーって一夫多妻制の話だと思っていた」などと言い出します。

また「クモは昆虫の定義にあてはまらないから、昆虫ではない」といった会話の際は、「昆虫って小学生が網で捕まえられる仲間を言うんだよね」と、大まじめで小学生以下の話をします。こうしてその場をしらけさせることは日常茶飯事です。

小さい頃から「彼が口をきくとその場が凍りつく」と思っていたので、親として「なるべく多くの体験をさせよう」とキャンプや科学教室に行かせたり、会話も増やしたり、新聞もたくさん読ませたりしてきました。

しかし、高校生になっても家族ですらあきれる状態なので、学校でも友人が少なく、将来就職試験などの面接で、まともに応対できるのだろうかと心配になります。グローバルな世の中で「コミュニケーションの大切さ」が問われる時代、まともな社会人になれるのだろうかと気になって仕方ありません。良い方法はないものでしょうか。

回答　その柔軟な発想力、ぜひ上野ゼミへ

わはは、こういう学生さんにぜひ、東京大学に来てもらいたいものです。
このところKYが嫌われ、周囲に同調する若者ばかりが増えているなかで、このずれっぷり！　しかもウイットと知性を感じさせるユニークなずれ方ですね。未来を担うのは、へんに空気を読む「コミュニケーション力」の高い若者より、あなたの息子さんのような若者ですよ。このわたしが言うのだから間違いありません（笑）。

進学校に通っていて、成績も悪くないそうですね。試験でよい点数をとるには、自分の考えよりも相手が期待する答えを示さなければなりません。ふつう優等生は、その過程でオリジナリティをすり減らすものですが、息子さんはそ

の程度には状況を読む力と適応力を持ちながら、「小学生以前」の柔軟な発想力を失わずに大きくなったんですね、すばらしい。

「昆虫って虫網で捕まえられる仲間を言う」って、なんてすてきな発想でしょう。世の中のたいがいの分類学はこの程度のもの。チョウと蛾《ガ》の違い、発酵と腐敗の違いだって、そんなものじゃありませんか。このように枠組みをずらす発想法の持ち主こそ、21世紀の日本が求めている情報生産性の高い人材です。「ファーストレディー」から「浮気」まで、「風が吹けば桶屋《おけや》が儲《もう》かる」式の論理の道筋を一瞬にたどれるなんて、なまなかの能力ではありません。ギャグとオチは教養があればこそ。それにここまでいちいち発言を覚えておられるのは、それがよほど印象に残ったからでしょう。息子さん語録でもおつくりになってはいかが。

ご家族のあいだでこういう発言が出るのは、何を言っても安心と思える環境だから。よいご家庭で育てられましたね。友人なんぞたくさんはいりません。「わが道を行く」息子さんのよさを理解してくれる、少数の友がいれば十分。だいじょうぶ、「温厚な性格で気持ちの優しい」息子さんには、友人も恋人もきっとできるでしょうし、就活ではTPOをわきまえて就活向きの発言をなさることでしょう。

さては、悩み相談と見せかけて、その実、息子自慢では？　ご本人に必要なのはあとはモチベーションと意欲です。社会学を志してくださるようなら、上野ゼミでお待ちしております。

第6章　自分が愛せない私

40 貧乏生活で友だちもいません

相談者 OL 39歳

39歳、入社20年目の貧乏OLです。辞めたい辞めたいと思いながら勤めてきました。会社の業績も厳しく、正社員とはいえ手取り月16万2千円のボーナスなしです。親元から片道1時間40分かけて通勤しています。

貧乏なので毎日の通勤服も着たきりすずめです。だからロッカールームで着替えるのが苦痛でたまりません。のびきったブラジャーにすり切れパンツを見られるのがイヤで、人気のない時間帯を狙って着替えるありさまです。冬場はコートの下は制服を着て通勤します。

昼の弁当も粗末です。おかずのない日の丸弁当を見られるのがイヤで、休憩室でも自分の席でも食べられず、晴れた日は真夏でも真冬でも外で、スズメを相手に、雨の日は欠食します。

どんな境遇になっても自分を見失わず、明るく元気に生きていきたいのですが、こんな生活を続けていると自分が壊れていきそうで（もう壊れているかも）こわいです。貧乏くさいケチケチ生活をしているから、いいご縁にも恵まれず、毎日が楽しくないのでしょうか。もちろん友だちもいません。

他人になんと言われても平気な強い精神力を持つべきでしょうか。やはり他人の目を気にして、こじゃれた服を身につけて人並みのお弁当を作ったり買ったりして、他人ともっとコミュニケーションをとるようにしたほうがいいのでしょうか。

回答　「壊れず」にきた自分をほめて！

あなたはちっとも「壊れて」なんかいません。

辞めたいと思うような会社に長い通勤時間をかけて20年間も通いつづけ、質素な暮らしをして衣服にも食べ物にもおカネを使わず、まじめに忍耐強く生きているあなたは、今どき珍しいりっぱなひとです。

高度成長期以前の日本なら、あなたのようなひとはけっして珍しくなかったでしょう。格差が拡大し、『蟹工船』がブームになる昨今。あなたの反時代的な生き方は、一周遅れのトップランナーかもしれませんよ。

給料が悪くても正社員なら、派遣切りのように突然職を失うこともないでしょう。夜勤・残業なしで手取り16万あまりは介護職の労働条件よりまし。親にパラサイトできるなら、母子家庭のシングルマザーよりも有利。自分より下を見て現状で満足しなさい、とお説教しているわけではありません。

あなたのほんとうのお悩みはいったい何？　貧乏なこと？　人並みでないこと？　仕事がつまらないこと？　毎日が楽しくないこと？　結婚できないこと？　他人とコミュニケーションがとれないこと？

ご自分で「こじゃれた服を身につけて人並みのお弁当を……買ったり」したほうがとありますが、「貧乏」ならその選択肢はないはず。それともその気になれば使えるおカネがあるのに、ケチケチ暮らして貯金でもしているのですか？

できることとできないこととを腑《ふ》分けして考えましょう。

オシャレがしたかったらリサイクルでもファストファッションでも工夫次第でチープシックは可能です。今どき梅干し一個の日の丸弁当とは驚きましたが、晩のおかずを詰めたり、いくらでも工夫できるでしょう。

あなたは他人の目を気にしながら、その他人に合わせる気持ちがないのですからすでに十分に「強い精神力」の持ち主です。他人とコミュニケーションする手段は服装や弁当ではありませんから、きっと本気でコミュニケーションしたいとは思っていないのでしょう。コミュニケーションしなくてもすんできた職場なら、あなたにうってつけ、と思えます。

仕事はやりがいのためではなく収入のため。今より有利な転職がなければ、いやがられても職場にしがみつきましょう。20年間「壊れず」に続けてきた自分をほめてやりましょう。

41　25歳、モテたくて不安です

相談者　会社員　25歳

25歳の女性です。

私は生まれてから今まで男性と交際したことはおろか、告白されたことすらありません。

容姿は、可愛いとは言えないでしょうが、並で、ファッションやメークにはかなり気をつかっています。スタイルは良いとよく言われます。性格もよく、やさしい子だと周りから思われているようです。手作りの菓子を職場の人に差し入れたりして、料理、掃除も得意なほうです。

不特定多数の男性にちやほやされたいという浅ましい願望を抱いているのではありません。ただ人並み程度に、自分に好意を寄せてくれる異性が1人か2人くらい現れてもいいのにと思うのです。でも、自分でも不思議なくらい、全く異性に縁がないのです。何か恋愛に関して呪われていて、神社におはらいに行ったほうがいいのではないか、と思うくらいです。

私は異性に声をかけてもらえるようなイイ女になろうと日々努力をしています。恋愛に関するメルマガを購読し、恋愛本を幾冊か読み、男性心理を勉強し、男性に好かれるしぐさや言動をし、見た目にも気をつけ、少しでも可愛くなろうと、いろいろ実践してきました。

しかし、何の効果もありません。25歳にもなって、異性との経験が全くないなんて、人間としてどうなんだろうと、疑問と不安と自己卑下の毎日です。どうしてモテないのでしょうか。

回答

カンチガイが異性を遠ざけます

25歳ですか。モテ相談ですか。よくある相談ですが、いやはや、カンチガイ相談というほかありませんね。

「自分に好意を寄せてくれる異性」が1人くらいいてもよいのに、とありますが、25年のあいだに、「あなたから好意を寄せた異性」が1人くらいいましたか？　演歌じゃあるまいし、女は花のように装ってじっと待ってさえいれば、蝶《ちょう》のように男が寄ってきてくれる、と思ってはいませんか？　男は容姿や家事能力や手作りのお菓子に寄ってくる、と本気で思っているんですか？

あなたの願望は恋愛、それとも結婚？　恋愛抜きで結婚することもできますから、結婚が目標なら「モテ願望」など持たず、ひたすらお見合い路線の「婚活」に励むことですね。

異性に関心を持ってもらおうと思うなら、まずあなたから関心を持つこと。自分に興味を持たない他人に、人は興味を持ちません。相手が男だろうが、女だろうが、同じこと。それが人間関係の基本のきです。これまであなたの関心を惹《ひ》きつける異性は1人もいなかったんですか？　そちらの方が問題かも。それならあなたの質問は、「25年間、これまで好意を持った異性が1人もいません。どうすればよいのでしょう？」となるはずなのですが。異性と言ったって集団ではありません。ひとりひとり違うのはあたりまえ。誰でもよいわけではないのでしょう？　ターゲットの定まらないあなたに、相手をゲットできるわけがありません。

それより、男女を問わず、あなたが「お友だちいない系」ではないかと心配になりました。マニュアル通りのモテ道を実践している女に対して、異性は腰がひけ、同性は容赦のない視線を向けるものだからです。

わたしの答えはかんたんです。これまで異性に関心を持ったことのないあなたは、実は男に興味がないのです。それは欠陥でも何でもありません。たんなる事実です。その事実を認めて、なあーんだ、わたしって男に興味がないんだ、と思えばムダな努力をやめて、もっとラクに生きられます。

ま、この年齢になるまで、「男いらず」で生きてきた実績のあるあなたのことですから、自己卑下などせず、この先も「男いらず」で生きていける、と自信を持ったほうがよいかもしれませんね。

42 「感じが悪い」と指摘され

相談者　女子大学生　22歳

22歳の大学生女子です。

最近、母に「あなた、性格が変わったわね。感じ悪いわよ」と言われてしまいました。

自分ではそんなに変わったつもりはありませんでした。むしろ、性格面で人から注意されたことはできるだけ直そうと努力してきたつもりでしたので、余計にショックを受けました。

来春、私はある大学院の社会学部に進学する予定です。昔からよく物事を深く考えたり、分析したりするのが癖なのですが、それが日常生活に悪影響を及ぼしたようです。

母が言うには、もともとは細かいことは気にせず、さっぱりした性格だったようなのですが、最近は何かにつけて理屈っぽく面倒くさい性格になってしまったのだそうです。

たしかに、母と言い争うことも多くなり、以前なら黙って謝っていた状況でも、反論してしまうようになったと思います。

この先、進学した大学院で、より論理的に物事を考えたり、激しい討論などを重ねたりするうち、理屈っぽさがエスカレートしてしまうのではないか……と不安でたまりません。

尊敬する人物は松下幸之助さんのような方で、人生の目標は「感じが良い」「利他愛に富んだ」精神を持つ人になることです。どうしたらこの「感じの悪い」理屈っぽさから抜け出し、目標へ少し近づくことができるでしょうか。

回答 「感じが良い」は利他愛とは違います

職業や専門は、性格をつくります。はい、社会学を専門にすると、確実に性格が悪くなります。わたしを見てください（笑）。世間があたりまえと思っていることを疑い、他人が信じていることを相対化し、タテマエのウラをかくのが、社会学者の習い性だからです。信じやすく素直なひとは、性格が良くて好かれるかもしれませんが、社会学者には向きません。

「物事を深く考え」「分析する癖」があり、「理屈っぽく面倒くさい」性格で、異議があれば「反論してしまう」あなたは社会学向きです。「細かいことは気に」したほうが緻密《ちみつ》な議論ができますし、「さっぱりした」というより、ねばりづよくひとつの主題を追いかけるこだわりやしつこさも必要です。

「理屈っぽさがエスカレートして」何がお困りなのでしょう。女が理屈っぽくなると男に愛されなくなる、というご心配？　だいじょうぶ、たで食う虫も好きずき。世の中には理屈っぽい女を好きになる男もいます。それに恋愛って、してみたらあっけなく理屈を超えますから、ご心配には及びません。

人生の目標は「感じが良い」人になること？　だれから見て「感じが良い」と思われたいのでしょう？　万人から「感じ良」く思われるなんてことはありえません。あなたが「感じ悪い」と思っているひとにまで、「感じ良」く思われる必要はありません。「感じが良い」かどうかは、キャラの問題ではなく、関係の問題。感じの良い関係と感じの悪い関係があるだけ。生きていれば感じの悪い関係は避けられません。それに親に口答えするようになったのは、おとなになった証拠です。

あなたの「利他愛」は、ほんとの利他愛ではありませんね。自分がだれからも感じ良く思われたい、というのはたんなる自己愛。こんな低レベルの自己愛を捨てなければ、ほんとうの利他にはたどりつけません。他人の集合である社会の利益のために働きたいと思うなら、ときには相手がいやがることもやらなければなりません。感じが良いだけでは利他愛など実現できないことは、知っておいてください。周囲から変人扱いされ、嫌われたり不利益をこうむったりしながらも屈せずに、原発の危険を唱えつづけた人たちのような行為を、利他愛と呼ぶのです。

こう見ていくとあなたはとっても社会学向きのようですね。10年後に新進気鋭の社会学者としてデビューしたあなたに、お目にかかるのが楽しみです。

43 社会に関心を持つためには

相談者　女性　31歳

31歳の女性です。最近よく、「社会に関心を持つとはどういうことか」と考えています。

お恥ずかしい話ですが、この年になっても自分にとっての最重要な関心事項は依然として「自分自身（もしくは自分の利益）」です。いまだに変わらない、そういう自分の在り方に危機感を持っています。

3・11が起こってから、ようやく自分以外のことに興味を持ち始め、今まで読みもしなかった新聞の社会面や政治面、国際面などを読み始めました。

しかし、時間が経つにつれ、「関心を持ち続ける」ためのモチベーションが薄れ、元の狭い自分の世界に浸ってしまいそうになります。そもそも「社会に関心を持つ」ことの重要性を意識し始めたのは、「社会に関心を持たない」ことがそれだけで社会には悪なのではないかと考えるようになったからです。

今、問題になっているもろもろの事柄（原発、沖縄の基地問題など）も、「問題」となるに至ったそもそもの原因の一つは、私たち一般の人間が「関心を持つ」行為を怠っていたからではないかと思うのです。

「悩みのるつぼ」の先生方は、常に社会にアンテナを張り、また積極的に社会に働きかけていらっしゃると思います。私のような、社会性に乏しい未熟な人間が、社会に心からの関心を持ち続けるためには、どう行動すればよいでしょうか。

回答　自己利益を大切にすることが必要

すてきな質問ですねえ。「自分にとっての最重要関心事は自己利益」って、31歳にしてこの真実にたどりついたあなたは賢明です。はい、まったくそのとおり。そのわりに、あなたは自己利益を大事にし足りないのではありませんか?

3・11で急に「自分以外のことに興味を持ち始めた」ですって? 逆でしょう。3・11でようやく自分の利益を真剣に考えはじめたのじゃありませんか? 地震も原発も、他人事ではありません。放射能汚染に敏感になり、線量計を買いに走り、マスメディアは信用できないと思い、原発関係の本を読みあさる……ようになったのは、すべて自分のためではないでしょうか。

そう思えばフランスが日本と原子力安全強化へ向け共同宣言を出したのも、日本のためを思ってというより、原発大国である自国の原子力技術を輸出するという国益のためですし、アメリカが核の傘のもとに日本を防衛してくれるというのも、日本国民を守るためではなく、アメリカの極東戦略という国益のためです。どの国も、どの個人も、みーんな「自分の利益」のために動いているんですよ。

自分の利益は世界とつながっています。株を持っていれば国際経済の動向に一喜一憂しますし、海外旅行をしようとすれば為替の変動が気になります。

あなたがここで言う「自分の利益」は、ほんとうの「自分の利益」とは思えません。たんなる「思考停止」というものでしょう。めんどくさいから、考えたくないから……それってとっても自分を粗末にしていることになりません？そうやって思考停止した結果、日本は今、原発事故という高くつく授業料を払わされています。なんて自分たちの運命を粗末にしてきたものだこと！

もっともっと自分の利益を真剣に考えてください。あなたは今、正社員、それとも派遣、あるいはパラサイト？　あなたの10年後、20年後はどうなるの？

親の介護は、自分の老後は？　今の職場に不安や不満は？　セクハラや病気で悩んでいない？　どれもこれも、社会とつながっています。能天気に思考停止してる場合じゃないでしょ。

はい、今のあなたに足りないのは徹底的に自分を大事にする、という姿勢です。誰にとっても何よりも大事なのは自己利益、とわきまえた上で、他のひとたちの自己利益をも尊重し、自分の幸福を追求してください。

44 自殺は本当にいけないですか

相談者　無職　男性　50代

50代の無職男性です。自死（自殺）について相談します。

自殺者は13年連続で年3万人超と報道されています。世間一般的には自殺は良くない、弱い人間のすることだという暗いイメージができあがっています。どんな理由があろうとも、自殺は絶対にいけないと言います。

でも私は、自殺を正当化できないか、後ろ暗いイメージを残さないで自死できないかと考えてきました。人に迷惑をかけない方法で自殺するとしても、本当にいけないことでしょうか。

将来性のある小学生や中学、高校生の若い子たちが、いじめが要因で自死を選ぶのは肯定できません。でも私のように50代で無職、独身、今までにやりたいようにやってきたし、親しい友人や知人もいないし、兄弟親戚もいないなら、遺族となって悲しくつらい思いをさせる人たちもいません。

特にこだわることも無く生きてきて、年金保険料は25年以上納めました。私が年金支給年齢に達する前に自死を選択すれば、国から支給されるはずの年金は国庫に戻ります。将来の年金を支給するための財源として、消費税の増税をしようとしている政府にとっても、私が自死すれば負担は軽くなり、究極の社会貢献だと思います。

世間一般的に言う、将来を悲観しての自死ではなく、明るく前向きな自死だと私自身は思うのですが、いかがでしょうか。

回答　正直に弱さを認めましょう

ひとは社会的な理由からではなく、個人的な理由から自殺します。冒頭「世間一般的には」と書き起こすあなたは、自殺する気がはなからない人とお見受けしました。

するってぇと、このご質問の意図は？

解釈その1。回答者に議論をふっかけてどんな答えが返ってくるか相手を試す。残念ですがそんな一般論に付きあっているヒマはありません。

解釈その2。「自殺の正当化」の理由を求めているあなたは、この欄の回答をその「正当化」の根拠にしようとしている。自殺は積極的なアクションであり、遺書は生涯最後の命をかけたメッセージです。そこに「朝日の悩みのるつぼで、こんな回答をもらったから」なんて書かれてはたまりません。その手はくわなの焼きはまぐり。そもそもこの欄の回答には、命をかけるほどのねうちはありません（笑）。

解釈その３。信念や信条で自殺なさるならとくにおとめしません。ただしあなたのその信条にわたしは同意しませんし、つまらない信条だと思います。

くりかえしますがひとは社会的な理由から自殺することはありませんし、あなたが言うように「将来を悲観して」自殺を選ぶこともありません。ひとは個人的な理由から現在を悲観して自殺を選ぶので、あなたに現在とくに死ぬ理由がなければ、ホンモノの自殺志願者から自殺を口先でもてあそぶ者と、怒りを買うでしょう。

解釈その４。この文章には書かれていない何かもっとべつな理由で、あなたは死にたいと思っており、それを引きとめてほしいと思っている。そもそも本気で死ぬつもりのひとは、お悩み相談なんてしません。「死にたい」メッセージは、その実「死にたくない」メッセージ。自殺者がたび重なる自殺予告をすることは知られていますが、それはそのメッセージを受け止めてほしいというアピールです。

そう思えば「50代、無職、独身、男性」の背後には、どんなご事情があるのでしょうか。「親しい友人もいない、兄弟親戚もいない」あなたは、この社会では孤独死予備軍のハイリスク・グループに属します。つらい、さみしい、助けてほしいのなら、こんな回りくどい言い方をしないで、正直にそう言いましょう。きっと誰かが受け止めてくれます。自分の弱さを認めることがまず先です。これだから男はめんどくさいんですよね。

第7章　私の人生は何だったのか?

45 私が送りたかった人生なのか

相談者　会社員　女性　41歳

41歳で会社員、幼児1人の母です。人生80年の半分を過ぎ、最近、私はこんな人生を送りたかったのか、という後悔に似た気持ちがあります。

37歳で出産以来、自分の思い通りに行かないと強く感じています。それまではやりたいことをやってきたように思っていたし、いざやる気になれば何でもできると思っていました。

しかし、子ども中心の生活に変わり、自分のやりたいことを我慢し、仕事も勤務時間を短縮している状態です。これが子どもが18歳まで続くのかと思うと、本当に私が送りたかった人生なのかと思ってしまいます。

私は海外（西洋文化圏）で生活基盤を作り、自分の目でいろいろな国を見たり、世界を感じたりしながら働きたかった。欧米圏に3年弱、大学生・大学院生としていたときは生き生きと生活していたと思います。でも、節目で安易な方へ流れたようです。現在は、英語を多少使う程度の仕事で、海外旅行も行っていないです。夫は私とは正反対で自分が生まれた地が一番好きなので、海外に行きたいという話にはとても嫌がります。

自分の夢に近づこうと何かしたほうがいいのか、でも守るものが増えて思い切った行動ができず、行き詰まりを感じています。若い娘のような悩みで恥ずかしいですが、信念を持って人生を生きている上野先生に、ご助言お願いしたいです。

回答　求めて得た経験を楽しまなくちゃ

困りましたね、アラフォーでこんなに「夢みる夢子ちゃん」状態では。今の生活がイヤだからリセットしたいだけ、としか聞こえません。

のぞんで結婚し、ほしくて子どもに恵まれたんですよね。きっと晩婚・晩産なんでしょうから、若気の至りで結婚へジャンプしたわけでもなさそうです。「自分が生まれた地が一番好き」な夫と、地に足のついた暮らしをしようと、熟慮の末に選んだ生活だったのに、こんなはずじゃなかった、と……。

今の生活もあなたの「夢」じゃなかったんですか？「安易な方へ流れた」ことも含めて。節目の決断に、あなたは自分の限界を思い知ったのでしょう？

だいじょうぶです、こんなにワリの合わない気分がするのは子どもが小さいうちだけ。「子ども中心の生活」なんてすぐに終わります。中学生にもなればもう親とは同行してくれません。

夢を語る人の多くは現実逃避したいだけ。その証拠には、夢を実現するために今、何をしていますか、という問いに答えられないからです。あなたの夢がホンモノなら……子どもをひっかかえて海外生活することも可能。そのために今何か準備をしていますか？　ただし外国ギライな夫との生活をリスクにかける覚悟が必要です。なら、なんでオマエはオレを選んだんだ、と夫は言いたい気分でしょうね。

で、いったい、あなたは外国で何がしたいんですか？　学生生活ならお客さま。おカネを使って帰ってくれるだけの消費者。ですが、そこで暮らしを立てるなら死にものぐるいの努力が必要です。あなたのいう「外国」はたぶん「ここではない場所」を意味してるんでしょうね。現実逃避したいほど、あなたは今の生活にくさくさしているんですね。そんな母親に育てられる子どももかわいそう。

まず仕事と子育てにテンパってる状態からラクになるために夫の協力を求め

ましょう。そして子育ての今を楽しめるように余裕をつくることですね。年齢《とし》をとって子どもを産むことのよい点は、体力は失うがキャリアや気持ちの上で余裕が持てるために、子育てを楽しめること、と言います。せっかく求めて得た経験を楽しまなくちゃソン、じゃありませんか。もしあなたが結婚・出産を選ばずに外国暮らしの「夢」を実現していたとしたら……今ごろ海外で往き暮れた「おひとりさま」難民になっているかもしれませんよ。

46 帰郷を拒む妻はアンフェアでは

相談者　会社員　50代

定年間近、50代のサラリーマンです。地方都市で一人っ子として生まれ、大学から東京へ出てきました。メーカーに就職して、九州生まれの女性と結婚し、3男を育てました。みんな今はそれぞれに家庭を持ち、現在は妻と2人暮らしです。

実家にいる80歳の母親が今年、内臓疾患で倒れました。結局、この夏に何時間にもおよぶ大手術に踏みきりました。父も85歳なので、私が週末や夏休みを利用して病院に付き添い、何枚にも及ぶ手術の承諾書も書くことになりました。さいわい手術は成功しましたが、今後は「老老介護」状態になることは間違いありません。

そこで定年後は田舎に帰ろうと思います。妻にそういう思いを話すと、「自分は絶対にいやだ」とかたくなに断るのです。旅行や書道といった趣味を東京で楽しみたいようです。私が納得できないのは、彼女の父母2人を田舎から呼び、東京の家で5年近く一緒に暮らし、見送った過去があるからです。「こっちも長年我慢したのだから」と思う気持ちがあります。決して妻を介護要員と考えているわけではありません。

夫婦関係が円満ならば何とか乗り越えられるかもしれませんが、離婚するしかないと思っています。解決法を教えて、とは思いませんが、私の思いは理不尽でフェアではないのか、お考えをうかがいたいのです。

回答

介護はひとりで引き受けないで

もう離婚を決めておられるのですから、これは「相談」ではありませんね。で、求めておられるのは、自分の離婚理由が「理不尽かどうか」の答えですか。

離婚には、理不尽もアンフェアもありません。ちょうど結婚が合理的でもフェアでもなかったように。一緒にいたいと思ってしたのが、結婚。もうイヤだと思ってするのが離婚。ご自分の気持ちに正直になったら、それでいいじゃありませんか。もう妻と一緒にいたくないのでしょう？　あなたはそれを認めるのがおイヤなんですね？　離婚を考えるに至るには、長年にわたる鬱屈《うっくつ》や憤懣《ふんまん》がおありなのでしょう。介護はたぶんその引き金なだけで。

もうキミとは一緒にいたくない、って口に出して言ってみてはいかが？　存外妻のほうも、実は私もそう思ってた、というかも。仕事上の契約じゃあるまいし、夫婦関係にも理を立てるあなたの態度がとっても「男らしく」て、妻はうんざりしてるかもしれません。

妻から見れば夫の親は赤の他人、夫の故郷は妻の異郷。自分の生活を根こそぎ引き抜いて介護同居する気になれないのは当然。親を呼び寄せるとか、同居しないまでも近接異居するとか、近くの施設を利用するとか、もっと多様な選択肢があるはずなのに、妻と交渉するおつもりもないようですね。

とはいえ高齢の両親のもとに単身で引っ越し、同居介護を引き受けるとは見上げたお覚悟ですが、その選択をしたあとで、自分にそんな選択を強いたと妻を呪ったり、両親をうらんだりはなさらないでしょうね？

定年といえば、男性にとっては人生の転機。これまでの人生を変えたいとお感じになる気持ちはよくわかります。それならご自分の幸せを第一に考えましょう。離婚理由に「理不尽かどうかを知りたい」と問いかけるあなたは、「幸せ」を基準に考えることがとても苦手なようですね。イヤな結婚ならやめたほうが双方にとって幸せだし、郷里に帰って老後を過ごしたほうが幸せならそうしたらよいし、親の介護は自分ひとりで引き受けないほうが幸せですよ。介護保険を活用して他人さまのお世話になりましょう。各種の施設も増えています。あとになって親のために一人っ子の自分の人生は犠牲になったと思う可能性があるようなら、最初からそんな選択はしないことですね。

47

人生の成功が遠のいています

相談者　主婦　40代

40代の主婦です。人生の成功について、20年以上考え続けています。私の母は、子どもの社会的成功を願う気持ちが強く、私はさまざまな早期教育を受けてきました。自分にできなかったことを子どもにさせたかったのだと思います。ところが、私の人生は最終学歴の大学を中退したことを契機に、社会的成功とは程遠いものになってしまいました。

結婚した後、自分の価値観の押しつけを行うまいと子どもはもうけませんでした。さまざまな学校に通い、自分の専攻分野の勉強を20年近く続けています。学生時代より知識は深まり、暗記力、応用力、勘も鍛えられ、進歩したと確信します。

しかし、私は時々強い幻滅と焦り、いら立ちを感じます。最近は疲れやすく、目もぼやけるようになってきました。勉強を一生続けても、結局自己満足なのではないでしょうか。

書店では、さまざまな方法指南本が積み重ねられ、人々はそれを読みあさっています。私も必要に応じてまねしていますが、人生の幸福は開けるのだろうか、と内心疑問に思うことも度々です。政治家チャーチルは、「成功とは、意欲を失わずに失敗に次ぐ失敗を繰り返すことである」と言いました。時代背景は違いますが、とてもエネルギーが必要でつらいことのように感じられます。助言をいただければ幸いです。

回答　「自己満足」の量を増やしましょう

40代になるまで20年間成功について考えてきて、現在まだ成功していないんですか。成功する人はそれまでにとっくに成功しています。あなたがまだ成功していないようなら、これから先も無理でしょう。と言えば、この回答は終わりますが……。

あなたにとって成功とはなんでしょう? 母にほめてもらうこと? 世間に評価してもらうこと? 大学を中退しただけで「成功」から縁遠くなるなんて、あなたの「成功」観は、ずいぶんとわかりやすい世俗的なものなんですね。

どうやらあなたのハートの中には、お母さんがどっしりと座りこんであなたを見張っているようですね。たぶんあなたが何をしても「まだまだ」「この程度では」とあなたを責め続けるのではありませんか。この調子ではたとえあなたが何かを達成しても、あら探しをするでしょう。幸せな結婚をすれば、「カネも稼げないくせに」と言い、他方カネも地位もついてくる社会的成功をしたらしたで、「ふん、女の幸せは出産よ、子どもも産んでないくせに」とあなたを責めるでしょう。

あなたが20年おこなってきたことが何かは知りませんが、それは母にほめられたい、あるいは母を見返してやりたい「欲」からだったことを認めましょう。そんなあなたが第一にしなければならないことはお母さんをあなたの心の中から追い出すこと。わたしはわたし。わたしの人生にはわたししか責任がとれないわ、と思い定めることです。

アラフォー（40歳前後）は人生まだまだこれから、と思う向きもいるでしょうが、冷厳な事実を言えば、老化は確実に始まっています。記憶力は落ちますし、視力も体力も低下します。加齢にあらがうことは誰にもできません。生涯成長、一生進歩などという幻想は捨てて、下り坂にふさわしく、わたしが幸せならそれでOKという「自己満足」の世界に生きることですね。でないとあなたは一生、「幻滅と焦り」の中で過ごすことになるでしょう。

はい、お説のとおり幸福とは「自己満足」です。ささやかな「自己満足」の量をできるだけ増やしましょう。自分の満足とはおのれのみが知る。それで何が悪い、と開き直るところからあなたの人生が始まります。40代はそのために遅すぎることはありません。

48

私の人生は何だったのか？

相談者　無職　46歳

私は46歳、50歳の夫と2人暮らしです。最近、自分の境遇がなぜこんなに不幸なのか、悩んでいます。本当にいいことがないのです。これからも何も楽しいことがなくて年老いていくのかと思うと、日々、つらく暗い気持ちです。

ケンカの絶えない父母のもとに育ち、楽しい思い出はほとんどないまま成長しました。そのため、早く結婚して子どもをつくり、平凡でいいから仲のいい楽しい家庭を築くのが夢でした。

25歳で結婚し、早く子どもをと望みましたが、とうとうできませんでした。10年ほど前に母が亡くなり、残った父がギャンブルで抱えた大きな借金を、私が返すハメに。まもなく夫の会社が倒産、私は平日はフルタイムで、土日はパートで休みなく働きました。借金を返し、夫も何回かの転職の末に、最近落ち着いてきました。

ところが今度は私が体調をくずし、半年前に仕事を辞めました。最近時間ができたせいか、自分の人生を振り返ります。

子どもを持つ夢が破れ、しんどいことばかりが続き、今後も楽しいことが何もないのかと思うと、私の人生は何だったのかと悩みます。同世代の女性が夫に守られ、子どもを持ち、幸せそうに暮らしているのを見ると嫉妬の気持ちがわき、自分と比べてよけいに落ち込みます。これからどのように生きていったらいいのでしょう。

回答　人生は減点法でなく得点法で

いやあ、たいへんな人生を送ってこられましたね。それでも最近になって、父の借金を返し、転職をくりかえした夫は落ち着き、あなたは仕事を辞め、時間のゆとりができたんですか。ほっと一息してもよい時期に、「わたしってこんなに不幸」症候群にかかったんですね。

質問があります。借金に追われ、休みなく働き続けてきた10年間、あなたは不幸だと感じましたか？　たぶんそんなことを感じるひまもないほど、目の前の課題に無我夢中だったことでしょうね。

こういう心理機制を「目標喪失症候群」と言います。どんなに厳しくても目標があるあいだは泣き言を言っている余裕はありません。それがふっと目の前から消えたとき、むなしさに襲われる……これを避けるには、夫に先立たれるとか新たな危機が訪れたら、また力が出ることでしょう。さんざん苦労してきたあなたに、これ以上新たな苦労を味わってほしいと思っているわけではありません。軽くみているのではないのです。こういうときがかえって危険。うつ病のひとが回復期に自殺する可能性が高まるのと同じです。むなしさを感じるだけの体力・気力があればこそ、だからです。

察するにこれまでのあなたの苦労は、すべて他人のための苦労だったんですね。子どもがいればきっと子どものために生きたでしょう。その子どもが苦労をかけてくれればあなたは一生不幸を感じずに生き抜けたかもしれません。

あなたに必要なことは、自分自身のために生きること。ようやくその条件が整ったときに、茫然自失《ぼうぜんじしつ》しているというのが正直なお気持ちではないでしょうか。そのためには、人生を減点法（何を持たないか）ではなく、得点法（何を持っているか）で考えること。父も夫もリスクではなくなった、リスクになる可能性のある子どももいない。46歳、何かを始めるのに決して遅くはありません。特別のことをしなくても、夫とふたり大病もせず、気持ちのゆとりのある日々を過ごせるだけで、他人もうらやむ暮らしかもしれませんよ。あなたのご相談に夫への不満がないのが救いです。失業も転職もご自身の落ち度ではないし、父の借金を抱えた妻を支えてきた、実直で誠実な男性の姿が浮かびます。浮気もせずＤＶもしない夫なら、これからも助けあって生きてください。

49 愛がない小説じゃダメ？

相談者　無職　60代

まもなく70歳になる独身女性。大学を出て公務員として半生を過ごしてきました。

在職中から続いた両親の介護も2年前に終わり、2人とも安らかに旅立ちました。残る人生たぶん10年あまり。自分のために使いたくなって、小説の創作講座を受講しています。久しぶりに人と会話ができる。うれしかったんです。

しかし、私が気楽に書いた短編には、ほかの方の作品に出てくる「稼ぎがよくて妻にやさしい夫」や「高価なワイン」なんか登場しません。肉親や世間による悪意や嫉妬、憎悪を秘めた優しげな言葉などがテーマですから。結果は大ブーイング、バッシングの嵐で面白かった。無理ですよ。「母性愛を疑うなんて許せない」と言われても。だって、私は人の愛し方も愛され方も知らずに生きてきたから。

男の子しか関心がなく弟を愛した父と、父とはカネだけでつながっていて、自分に似た顔の姉だけ偏愛していた美人で頭の良い母。私は2人から無視され、子どもの頃から病気やケガは自分で薬箱を探して治しました。働きはじめても能力は認めてもらえたのに、出世できず、スタッフとして過ごしました。

弟や姉は家に寄りつかず、両親の介護をしたのは私1人。人生の終幕が近くなり、最後くらいは楽しくやりたいのですが、愛を解さない私が小説を書こうとすることはいけないの？

回答　スキル磨いてマグマをはき出して！

へぇえ、この世の中の悪意や嫉妬、憎悪などを描くとバッシングを受けるなんて、創作講座じゃなくて道徳講座かと思いました。「母性愛を疑わない」なんて人は、小説家に向かないと思うんですがねえ。車谷長吉さんを見習ってほしいものです。

70歳まで「おひとりさま」を通されたあなたは、ずいぶんレアな経験をなさったことでしょう。まずあなたの世代の女性で大学卒っていうのがレアですし、独身をつらぬいたってのも超レアです。公務員を続けて、暮らしに困ることはなかったでしょうが、あなたの世代の女性は同期採用の男性と比べてあからさまな差別を受けたでしょうし、何より、「オールドミス」「お局《つぼね》さま」「嫁《い》かず後家」と陰口を叩《たた》かれたことでしょう。お察しもうしあげます。

そのうえ、夫婦仲の悪い両親のもとで、息子偏重の家父長的な家庭で育ち、たぶん書きぶりからみて、姉とくらべて「美人」でもなく、母のように「頭がよく」もなさそうなあなた。両親に愛されなかったのに、可愛がってもらった姉と弟に代わって結局両親の介護をひとりで引き受けたあなた。いったいどんな思いで介護をなさったことでしょう。

ご苦労の数々や憤懣《ふんまん》やるかたない思いが文面からあふれています。てゆうことは、あなたには書きたいことがやまのようにあるってこと！　なんてラッキーなんでしょう。

誰でも生涯に一作だけ作品を書くと言います。たいがいの人は、自分の人生を書いてしまうともうネタが尽きるものです。あなたは書きたいことが次々にあふれてタネが尽きないことでしょう。それに書くという行為は、なにがしか自分の人生にオトシマエをつけるためのもの。あなたの中で溜《た》まりに溜まったマグマはとうぶん収まりそうもありませんから、創作欲が衰えることもないでしょう。

というわけであなたはとっても小説家向きです。ただし小説を書くには「感じたことをありのまま」書くだけではだめ。技術が要ります。そのための講座なんですから、習作をどんどん書いてスキルを磨いてください。文学賞にもどんどん応募しましょう。そのうち70代の新人賞作家が誕生するかもしれません。作家の村上龍さんが『13歳のハローワーク』で書いていた「作家」の定義にうなりました。「人に残された最後の職業……死刑囚でもなれる」。どうぞご精進なさってください。

50 もし上野さんが美人だったら？

相談者　主婦　60歳

60歳の主婦です。

愚息たちが独立し、ひとりの時間を本ばかり読んで過ごしています。が、読んでも読んでも足りないくらい読みたい本が次々と出てきます。

若い時代に「きれい」と言われるような部類に入っていたため、ちやほやされながら過ごしたことが悔やまれます。

そこで上野千鶴子さんにぜひ質問したいことがあります。

もし上野さんが絶世の美女に生まれついたとしたなら、現在のように、社会の底辺にまで目をやる社会学の道に進んでいたでしょうか？

フェミニズムやジェンダーの問題、「おひとりさま」の考察も、ミソジニー

（男性の女性嫌い）のあの深さにも到達したでしょうか？

1980年に京都大学での浅田彰さんの講演を聞きに行ったことがあります。聴衆のひとりとしてご質問をされた女性を「何てかっこいいんだろう！」と見ていたら、かたわらで夫が「あれが上野千鶴子だよ」と教えてくれました。

上野さんの現在のすてきさは、マリリン・モンローのように生まれなかったからあるかもしれないわけで、そう考えると、人の一生は、生まれついた容貌《ようぼう》で左右されてしまうということになってしまいます。

実際、そうなのでしょうか？ ぜひとも上野さんのお考えをお聞かせください。

回答　人生がそんなに単純ならねえ……

アメリカにこんなジョークがあります。

キャンパスをメークの似合うきれいな女性がパンプスで歩いていたら、教授秘書。すっぴんで、さえない、若くない女性なら、教授。なぜかというと花のハイスクール時代に、きれいな女の子は男の子にもててデートに忙しく、勉強どころではないのに、きれいでない女性はこつこつとお勉強して名門大学へ入り、成果を上げるから、と。

かのボーヴォワールも、妹と何かにつけて比較され、親に「あなたはかわいくないから、お勉強をいっしょうけんめいしなさい」と言われ続けてきたとか。

それならフェミニズムは「ブスの女のルサンチマン」だという、今から40年も前にオヤジメディアが唱えた説は正しいのでしょうか。婉曲《えんきょく》な言い方ながら、あなたはまったく同じことを言っていることになりますね。あなたの説は容貌人生決定説です。人生がそんなに単純なら、どんなにいいでしょうねえ。

証言しておきますが、ウーマンリブに参加した女たちにはきれいな女性がたくさんいました。きれいな女性は男にセクハラされ、ストーカーされ、利用されていましたし、ブスの女性は男に無視され、黙殺され、からかいの対象になっていました。きれいでもブスでもない、その中間の大多数の女性は男につけこまれ、ふりまわされ、あなどられていました。残念ながらそれが40年前の女性の現実でした。

察するにあなたはそこそこ幸福な人生を送ってこられたようですね。それを容貌のせい、とお考えでしょうか。「若い時代」と限定があるので、女の容貌の価値が賞味期限付きだとは知っておられるのですね。ということは「若い時代」が幸福のピークで、それからずっと下降線をたどってきたということでしょうか。

お察しのとおりわたしは「顔の不自由な」ひとですが（笑）、これまで生きてきた上で男女を問わず他人と関係をつくるのに、そのせいで不都合があったことは一度もありません。弱者に想像力を持つためには、自分自身が弱者でなければならない理由もありません。

この年齢になって読みたい本が次々に出てきたんですって！　なんてすてきなこと。本と読者は出会いもの。若いときに本を読まなかったことを容貌のせいにしてはいけません。容貌は容貌、幸福は幸福、知識欲はそれとはまた別。そのあいだに何の相関もない、っていうことぐらい、本を読めばわかりますよ。

あとがき　人生のお悩みの多くは身の下から来ます

がらにもなく身の上相談の回答者なぞを引き受けました。規格ハズレのわたしが、身の上相談など、と思いましたが、朝日新聞土曜版beの人気コラム「悩みのるつぼ」には、わたしだけでなくクセのありそうな回答者がそろっています。そもそも「悩みのるつぼ」っていうタイトルからしていいかげんです。

身の上相談にはいくつかのタイプがあります。ひとつは日本でいちばん老舗の身の上相談欄、読売新聞の「人生案内」。１９１４（大正３）年から1世紀近く続いているこのコラムは、相談内容や回答者の人選、回答のしかたそのものが、世相の変遷を知るための研究資料となる性格のものです。

もうひとつは、かつて朝日新聞が連載した中島らもの「明るい悩み相談室」。

名前からしてふざけています。関西の作家、中島らもさんというぶっとんだ鬼才を回答者に起用して、珍妙な相談にユーモアを交えて回答する人生相談コーナーでした。

さて、それなら「悩みのるつぼ」は？ その中間、というところでしょうか。回答者の人選から見て、最初から世間の常識にそった回答を期待していないと思えますし、それに週替わりで4人の回答者が入れ替わるところなど、キャラの立った役者の競演を思わせます。回答者同士のあいだでお互いにライバル意識を煽るように仕掛けているかのようです。

時々、「あのお悩みはやらせですか？」と訊かれることがありますが、らもさんの「明るい悩み相談室」のお悩みはすべて本当のものだったように、この「悩みのるつぼ」の相談者も実在しています（ということになっています、たしかめていないけど）。ですから相談にはリアリティがありますし、ときどき担当者から、回答に対する相談者の反応を伝えられることもあります。

だから回答は、読者を意識した言語的なパフォーマンスだと割り切ればいいようなものですが、そういうわけにもいきません。たとえお役に立たなくても、少なくとも相談者を傷つけるようなことだけはしないでおこうと、わたしは決めました。

連載も回を重ねるうちに、それぞれの回答者の個性がきわだってきました。それぞれの回答者にファンがつき、相談者からご指名を受けることも増えました。それに連載とはおもしろいもので、それぞれの芸も磨かれてきました。岡田斗司夫さんの頭脳プレー満開のシャープな回答にはいつもうなりますし、「人生は苦です」の車谷長吉さんのうらみ節は冴えわたり、たいがいのお悩みはたいしたことのないように思えてきます。なかではいちばん常識人にみえてしまう金子勝さんの寓話をしこんだエッセイ仕立ての回答も、いまや名人芸の域に達しています。車谷さんに代わって登板した美輪明宏さんの豊かな人生経験にもとづくお叱りモードに、ゾクゾクする読者も多いでしょう。上野はそのなかでも「下ネタ」系に強い、人生の酸いも甘いもかみわけた熟女と思われたようです。

この連載からは、すでに2冊の本が生まれています。1冊は岡田斗司夫さんの『オタクの息子に悩んでます』、もう1冊は車谷長吉さんの『人生の救い』。

で、3冊目のわたしの本のタイトルは『身の下相談にお答えします』。「身の下」ってばかにしちゃあ、いけません。人生は身の上も身の下もあってまるごと。人生のお悩みの多くは身の下から来ます。それを大新聞の相談欄で公然と口にできるようになったなんて、とってもいい世の中になりました。思えば上野は今からおよそ四半世紀まえ、アラフォーのときに『スカートの下の劇場』で大ブレークしました。無名の研究者だったのが、下ネタ系の「四文字学者」としてデビューし、「学界の黒木香」と呼ばれたこともありましたっけ。え？　黒木香って、もう知らないって？　腋毛の女王、「ＡＶ界のウエノチズコ」と呼ばれた知性派ＡＶ女優です。あ、これでもわからないか。グーグルで調べてください。

50代になってから『おひとりさまの老後』がベストセラーになりました。いくらなんでも下ネタ系の著作にはかなうまい、と思ったのに、あれよあれよと部数を伸ばして文庫も入れるとおよそ80万部。『スカートの下の劇場』のおよそ50万部を抜きました。『おひとりさまの老後』で、上野の読者層はすっかり変わりました。

それから「悩みのるつぼ」です。やせてもかれても部数800万部の全国紙。読者の桁がちがいます。最近では出かける先々で「悩みのるつぼのファンです」と名のられることが増えました。大新聞、おそるべし。

「いつまでも続けてくださいね」と言われますが、これぱっかりは自分で決められません。担当者がおろすまでは続けましょう。実は、いつのまにか、このしごとをおもしろがっているわたしがいます。他人の人生をのぞき見するのって、ほんとにおもしろい。それに介入するのはもっとおもしろい。本来なら大きなお世話なのに、ご本人が介入を求めておられるのだから堂々とお答えできます。

読者だってああでもないこうでもない、わたしならこう言うのにねえ、とぶつぶつ思いながらこのコーナーを読んでいらっしゃることでしょう。beを裏(「悩みのるつぼ」のある紙面)から読ませるようになったと言わせたい。担当者のその心意気を、回答者は共有しています。

5年にわたる連載を支えてくださったのは、be編集担当の中島鉄郎さん。彼の名伯楽ぶりに助けられました。どの質問を誰にふるか、根拠はよくわからないのですけれど、なぜだか上野には身の下系が集まっていそうな気がします。文庫にしてくださったのは朝日新聞出版の中島美奈さん。ダブル中島の名コンビで、チャーミングな本が生まれました。何より、ユニークな質問を寄せてくださった相談者の方々に、ありがとう。

あなたも、どうぞ、ぶつぶつ言ったり、ふーんと感心したり、むむとこだわったり、自分ならなんて回答するだろうと思いながら読んでください。おもしろいこと、請け合います。

2013年4月　葉桜の頃に

上野千鶴子

身《み》の下相談《したそうだん》にお答《こた》えします　朝日文庫

2013年5月30日　第1刷発行
2023年7月30日　第4刷発行

著　者　上野千鶴子《うえのちづこ》

発行者　宇都宮健太朗
発行所　朝日新聞出版
〒104-8011　東京都中央区築地5-3-2
電話　03-5541-8832（編集）
03-5540-7793（販売）

印刷製本　大日本印刷株式会社

Published in Japan by Asahi Shimbun Publications Inc.
定価はカバーに表示してあります

ISBN978-4-02-261762-0
落丁・乱丁の場合は弊社業務部（電話03-5540-7800）へご連絡ください。
送料弊社負担にてお取り替えいたします。

上野 千鶴子
ミッドナイト・コール

軽快なフットワークで時代を挑発し続ける著者が《私》とその周辺を初めて語る真夜中の私信。〔解説・池澤夏樹〕

信田 さよ子
共依存
苦しいけれど、離れられない

愛という名のもとに隠れた支配「共依存」の罠を解明し、引きこもり、アルコール依存症、DVに悩む家族を解決へと導く。〔解説・熊谷晋一郎〕

河合 隼雄
Q&Aこころの子育て
誕生から思春期までの48章

誕生から思春期までの子育ての悩みや不安に、臨床心理学の第一人者・河合隼雄がやさしく答える一冊。

小倉 千加子
結婚の条件

結婚したいのに、なぜできない？ 日本の結婚難現象の秘密を、芸達者の心理学者が明快に解き明かす。〔解説・島﨑今日子〕

佐野 洋子
役にたたない日々

料理、麻雀、韓流ドラマ。老い、病、余命告知——。淡々かつ豪快な日々を綴った超痛快エッセイ。人生を巡る名言づくし！〔解説・酒井順子〕

車谷 長吉
人生の救い
車谷長吉の人生相談

「破綻してはじめて人生が始まるのです」。身の上相談の投稿に著者は独特の回答を突きつける。凄絶苛烈、唯一無二の車谷文学《ワールド》！〔解説・万城目学〕